网球裁判法解析

殷剑巍　万建斌　黄珊　编著

中国网球协会审定

人民体育出版社

前 言

随着中国经济的快速发展，网球作为一项现代高雅运动越来越受到人们的喜爱。虽然我国的网球发展历史并不长，但是在几代人的努力下，我国的网球运动水平已有了跨时代的进步：我国运动员在世界高水平赛场上取得了优异的成绩，更多的职业赛事落户于中国。决定一个网球赛事的成功举办有多方面的因素，其中网球裁判水平是竞赛团队中非常重要的一环。

本书旨在帮助广大网球爱好者更好地理解网球运动，并为有志于从事网球裁判事业的朋友们提供帮助。书中编著了国际网球联合会的裁判工作程序，对网球比赛中各级裁判的工作性质和工作方法进行了详细的讲述，通过200多个案例分析从不同角度对规则做出解释，并且所有的案例均配有图片给读者更加直观的感受，便于学习和理解。为了更好地与国际赛事接轨，书中还详细介绍了网球裁判员的英文术语、职业比赛中各种表格的使用，以及国际网球联合会使用的掌上电子计分设备的操作方法和程序。

由于编写时间仓促，书中难免有所疏漏，欢迎广大读者及专家批评、指正，以便进一步修改、完善。

2014年10月

目　录

第一章　网球裁判员职责和工作程序

第一节　技术官员的职责和工作责任

一、适用范围

本文件适用于所有经国际网联或中国网球协会批准、认可的赛事。这一适用性不影响经国际网联或中国网球协会批准、认可的赛事颁布和制定本赛事的特殊规定的权利，只要这些规定与本文件中的原则和条款相一致。

二、赛事监督/裁判长

以下是ITF赛事监督和裁判长的职责。有时两个职务由同一个有资质的官员担任。其他时候本地的裁判长在裁判组长的协助下处理所有开赛前的事务，而ITF赛事监督在抵达赛场后将负责处理所有现场的事务。裁判长则需要协助ITF赛事监督的工作。在戴维斯杯、联合会杯和其他团体比赛中，裁判长同时担任ITF赛事监督。

赛事监督/裁判长拥有以下权利：

1. 作为在比赛现场解释比赛规程、行为准则和网球规则以及一切需要即时决定的事务的最终权威。

2. 在赛事开始前视需要进行裁判员的培训，让他们熟悉所有规则和程序。

3. 任命裁判组长并保证其正确履行职责。

4. 批准所有比赛的主裁判和司线员的安排。

5. 在其认为需要提高比赛的执法水平时撤换主裁判，撤换、轮换或重新安排司线员和/或司网裁判。

6. 评估所有主裁判的工作表现。

7. 确保所有场地、球网、网柱和单打支柱符合网球规则的规定。每个球场必须有以下装置：

（1）主裁判座椅

主裁判座椅的高度建议为6英尺（1.82米）到8英尺（2.44米）之间；

主裁判座椅的中央应该在球网的延长线上，距离网柱约3英尺（0.9米）；

如果使用麦克风，麦克风必须有开关，便于调节且不能手持。在主裁判椅上或附近（两底线之间）不允许有公共广播扩音器。

室外比赛中应该有遮阳设备。

（2）司线员座椅

发球线和底线的司线员座椅应在各自的延长线上，沿侧挡网放置，座椅不可在场地表面垫高放置，且距离网球场边线的距离不少于12英尺（3.66米）。

除非另有指示，中线及边线的司线员座椅应位于场地后侧角落位置。

当有日光因素影响时，司线员座椅应妥善摆放以避免其面向阳光。

当无日光因素影响时，司线员座椅应摆放在球场上主裁判座椅的对面。

（3）司网裁判座椅

司网裁判的座椅应摆放在网柱边，并尽可能摆放在主裁判座椅的对面。

（4）运动员座椅

运动员座椅应摆放在主裁判座椅的两边。

（5）场上服务

赛会应在每场比赛中向运动员供应充足的饮用水、其他饮料、杯子、毛巾及锯木屑等。

（6）测量工具

赛会应提供测量尺、卷尺或其他测量工具用于测量球网的高度和单打支柱的位置。

（7）秒表、计分表等

每场比赛的主裁判应配有可用的秒表、国际网联计分表和铅笔。

8. 确认球场的后挡板、栏杆和后侧墙壁都不应涂成或含有白色、黄色或其他容易干扰球员视觉的浅颜色。

9. 在开赛前决定并告知参赛者比赛的相关信息（例如比赛用球、数量/换球方案、场地面层类型、盘数、平局决胜制/长盘制、平盘决胜局以及其他相关信息）。

10. 在运动员区的显著位置放置正式公告板，并告知运动员其名称及位置，每日的赛程安排发布后应立即在公告板予以公示。

所有参赛者有义务及时向ITF赛事监督/裁判长确认他们每日的赛程。

11. 在固定位置放置一个明显的时钟作为赛事的官方时钟，并告知运动员其名称和位置，除非另行通知，不可使用腕表、手表或怀表。

12. 抽签前从赛事主任/赛事委员会处取得外卡运动员名单。通过与赛事主任/赛事委员会和运动员代表商议决定：

最终入围名单；

种子选手排列名单；

抽签所需的其他相关信息。

13. 为资格赛和正选赛进行抽签。

14. 在ITF赛事监督或裁判长办公室张贴所有签到文件（包括资格赛、正赛、等待选手和幸运失败者），并合理地在正式公告板进行通知。

15. 准备每日的赛程表，定出各场地连续进行的比赛安排，或某些比赛需要清楚标明“不早于”某一时间进行。赛程表一经公布则不能更改。

（1）赛事开始前

在安排第一天的赛程之前与前一周的赛事监督/裁判长取得联系，确定运动员仍在进行的比赛进度，或许会对来到本站赛事参赛造成困难。在不损害赛程安排的公平性和确保能够完成赛事的情况下，ITF赛事监督/裁判长在制定赛程计划时应尽可能照顾到有合理困难的运动员，使其有合理的时间进行调整。

（2）资格赛

除非经过ITF的批准，单打的资格赛应安排在正选赛开始前一天结束。赛事的安排应做到同一运动员在同一天内不得超过两场单打资格赛，除非受到天气或其他不可避免的因素影响。

如果一天之内必须安排超过一轮资格赛，则比赛顺序应当按照签表中的区域进行。

（3）正选赛

除非受到天气或其他不可避免的因素的影响而打乱赛程，不得安排运动员在同一天进行超过一场单打和一场双打比赛。除非ITF赛事监督或裁判长有特别指示，运动员每天的单打比赛应安排在其双打比赛之前。

16. 在开赛前要确认土场或其他疏松面层的场地表面经过打扫，界线也经过清扫。

17. 决定某片场地是否适合用于比赛。

18. 指定一个专门的区域，并将在这个区域内按照赛程表的顺序，使用所有可能的与合理的方式召集比赛。当召集到某场比赛时，运动员必须做好比赛准备。如遇特殊情况，将由ITF赛事监督/裁判长决定何时召集比赛，或何时已经召集过某场比赛。

19. 如因为恶劣天气而造成运动员赛前无法练习，裁判长决定是否延长热身时间（通常为10分钟）。

20. 决定一场比赛是否转移至另一场地进行。

如因天气或其他不可避免的因素影响造成正在进行中的比赛中断或暂停，如果有必要避免一名运动员在一天进行两场比赛，或为了按时完成赛事，将比赛转移到另外一个室内或室外场地进行，不考虑场地面层。

在其他情况下，比赛正式开始后，如比赛的第一个发球发出后，不应该转移场地，除非经过双方运动员的同意。

如确实需要，转移赛场应尽可能安排在盘末，或正在进行的一盘比赛的双数局结束之后。

21. 决定何时由于天气因素、光线不足或其他因素的影响而推迟比赛。如果是因为光线太暗而推迟比赛，应当安排在盘末或正在进行的一盘比赛的双数局结束之后。

22. 在有条件的比赛中, 负责调查违反行为准则的行为，处以罚款并尽可能给每一位违规运动员开具一份相关的违反行为准则表以确保其缴纳罚款。

23. 比赛进行期间始终在现场。

24. 一项赛事中，ITF赛事监督/裁判长不得兼任主裁判。

25. 在戴维斯杯、联合会杯和国际网联职业巡回赛的赛事中，所有的ITF赛事监督/裁判长必须使用金属测量尺测量场地，拥有一台能在现场运行ITF软件的个人电脑并使用可靠的个人电子邮箱账户。

26. 所有ITF职业巡回赛中的ITF赛事监督/裁判长必须充分熟悉手持实时计分设备及其正确的使用方法。

三、裁判组长

裁判组长的职责：

1. 为赛事招募足够的称职裁判员。

2. 对裁判员进行赛前培训，内容包括复习网球规则、有关赛事规则与规程以及行为准则。

3. 准备一份本赛事所使用的全体裁判员的名单，内容应包括其通讯地址和国际网联/国内裁判员级别（如果有）。向ITF赛事监督/裁判长提交此名单的副本，并且在需要时向国际网联提供副本。

4. 负责制定赛事裁判员每日的场上工作任务，并向ITF赛事监督/裁判长报批。

5. 主持所有场上裁判员的工作会议，明确各人工作任务和使用呼报、手势、轮换及其他工作程序。有关司线员职责，详细内容请参考ITF司线员指南。

6. 评估场上各裁判员的工作表现。

7. 比赛进行期间始终在现场。

8. 一项赛事中，裁判组长不得兼任主裁判或司线员，除非经过ITF赛事监督/裁判长批准。

9. 协助当值的ITF赛事监督/裁判长完成他/她的职责。

10 所有ITF职业巡回赛中的裁判组长必须充分熟悉手持实时计分设备及其正确的使用方法。

四、主裁判

主裁判的职责：

1. 要完全熟悉网球规则、有关赛事规则与规程以及行为准则的所有内容。遵照国际网联工作程序履行其职责。

2. 按照ITF赛事监督/裁判长的要求，与其他主裁判统一着装。

3. 找出运动员姓名的正确读音。

4. 先于运动员到达比赛场地。

5. 在比赛即将开始前同运动员召开赛前会议：

（1）向运动员介绍比赛相关信息。

（2）在热身开始前，在双方运动员/队伍的见证下，掷币决定发球或比赛开始时站位的选择权。如果比赛在正式开始前因故被推迟，原掷币结果有效，但双方运动员可以重新做出选择。

（3）判定运动员的着装是否符合行为准则中的规定。如果超过15分钟后运动员仍未能纠正问题，有可能被取消比赛资格。如果需要的话可以重新热身。

6. 配备手持式秒表用于热身（通常为5分钟）、分与分之间20秒、交换场地90秒和盘间休息120秒计时。也应当用于任何规则或规程有关条款中列出的具体时间的计时。

7. 保证场上有足够的比赛用球，包括旧的备用球。装有新球的球筒应当在比赛即将开始或即将换球时打开。

8. 对比赛中所有的事实问题做出决定（包括在没有司线员情况下对界内外球做出判断）。

9. 确保场上所有运动员和裁判员遵守比赛规则。

10. 在其认为有必要提高比赛的执法水平时，移动、轮换或替换任何司线员或司网裁判。

11. 对于比赛中出现的规则问题做出第一判决，运动员有权向ITF赛事监督/裁判长上诉。

12. 按照国际网联工作程序在每分结束后宣报比分。

13. 在司线员或司网裁判的呼报声音过小，或一个近线球的呼报必须得到主裁判确认以消除运动员的疑虑时，主裁判重复司线员或司网裁判的呼报。

14. 在比赛中按照国际网联工作程序要求填写计分表（参见本章第二节第十一条和附录2）。所有ITF职业巡回赛中的主裁判必须充分熟悉手持实时计分设备及其正确的使用方法。

15. 如果司线员做出了明显的误判，主裁判可以进行改判，但改判必须在错误发生后立即进行。所有的改判必须符合国际网联批准的工作程序（参见本章第二节第三条）。

司线员没有呼报的明显脚误应当由主裁判按照处理明显误判的程序进行判罚。

16. 负责所有检查球印的工作。除土场以外的其他场地不能检查球印（参见本章第二节第三条，球印检查程序）。

17. 尽其最大努力控制观众。如果观众干扰了比赛的进行，主裁判应当礼貌地与他们对话并要求他们配合。

18. 负责在比赛中指引球童，使他们能够协助而不是干扰运动员。

19. 负责换球以及决定某个球是否适合用于比赛。保证比赛中用球数量正确。丢失的球应当以实际可行的速度尽快更换。如果在热身时或更换新球后两局内（第三局的第一分开始前）球丢失，应当用新球替换，否则应当用磨损程度相似的球替换。

在每次需更换新球时，应当提前开启足够数量的球筒，并对球进行充分的检查，以避免对比赛造成延误。

20. 决定球场是否仍然适合比赛。如果比赛过程中条件发生改变以致主裁判认为球场不适合比赛，或者因天气或其他原因需要暂停比赛，主裁判应该暂停比赛并向ITF赛事监督/裁判长报告。比赛暂停后到决定延期前，主裁判应当确保自己和场上其他所有裁判员做好随时恢复比赛的准备。

如果是因为光线太暗而暂停比赛，应当在一盘比赛结束之后或正在进行的一盘中双数局结束之后进行。

ITF赛事监督/裁判长决定比赛暂停或推迟后，主裁判应当记录时间、比分、局分、盘分、发球员姓名及双方运动员的场地站边，并收集所有比赛用球。

21. 比赛结束后向ITF赛事监督/裁判长提交比赛期间所有关于违反行为准则的行为的完整报告。

五、司线员

司线员应该做到：

1. 遵照国际网联批准的程序履行其职责。详细内容请参阅《国际网联司线员指南》。

2. 按照ITF赛事监督/裁判长的规定和其他司线员穿着统一的服装。司线员不应穿着白色、黄色和其他浅色的可能干扰运动员视线的服装。

3. 准时到达所有比赛任务地点。

4. 选择最佳位置观察其负责的界线。

5. 只呼报他/她所负责的界线，不对其他界线的判罚发表意见。

6. 底线、边线和发球中线的司线员负责判罚脚误。

7. 当无法做出判罚时，及时做出未看见的手势。

8. 及时更正错误的判罚。

9. 直到球落地时再呼报“out/fault”。

10. 当主裁判改判时保持沉默。如果运动员有问题，请他与主裁判沟通。

11. 如果发现主裁判没有注意到的违反行为准则的行为，立即向主裁判报告。

12. 如果运动员使用上厕所或更换服装间歇，陪他/她一起去，确保这个间歇不用于其他目的。如果运动员违反了程序，告诉运动员他/她的行为违反了规则，并向主裁判报告。

13. 不得为运动员捡球或拿毛巾。
14. 不得与观众交谈。
15. 绝不为运动员鼓掌。
16. 未经主裁判允许不得离场。

第二节　技术官员的工作程序

一、适用范围

本文件适用于所有国际网联或中国网球协会批准、认可的赛事。这一适用性不影响经国际网联或中国网球协会批准、认可的赛事颁布或制定本赛事的特殊规定的权利，只要这些规定与本文件中的原则和条款相一致。在所有团体比赛中，在执行程序时应当使用国家名称。

二、网球规则问题

网球规则问题是指关于解释和应用网球竞赛规则、赛事规则与规程以及行为准则中的具体事实的问题。在比赛中出现的网球规则问题首先应该由主裁判做出判决。如果主裁判无法确定或运动员对主裁判的决定提出申诉，则应由ITF赛事监督/裁判长做出决定。ITF赛事监督/裁判长的决定是最终决定，且不可申诉。

运动员申诉

运动员有权遵照以下程序对任何关于网球规则问题的判罚提出申诉。

如果运动员认为主裁判对于某个网球规则问题的判罚不正确，他可以通过正确程序且礼貌的方式告知主裁判他/她希望提出申诉。这时主裁判应该中断比赛，关掉裁判椅周围的麦克风并立即请出ITF赛事监督/裁判长。ITF赛事监督/裁判长到达后，主裁判应向其陈述事件的全部事实，ITF赛事监督/裁判长应当根据事实做出判断。之后主裁判陈述其判决，运动员可以表达他对于这个判决的意见。ITF赛事监督/裁判长应当与运动员和主裁判一起简短地回顾适用的规则，然后维持或推翻原判。之后比赛应继续进行，ITF赛事监督/裁判长宣布“开始比赛”，双方运动员必须重新开始比赛。应当尽最大努力尽快处理运动员的申诉，并在宣布“开始比赛”后进行20秒计时。

三、事实问题

事实问题是指关于在具体事件中实际发生的情况的问题。比赛中的事实问题应该由场上裁判做出判罚，该判罚对运动员和ITF赛事监督/裁判长都有约束力。

运动员可以要求主裁判确认某个呼报或场上裁判员对于一分结束的有关事实的判定。提出这样的请求、确认事实和恢复比赛必须在每分之间允许的20秒时间内完成，除非主裁判认为有必要延时。如果使用了延时，结束延时、恢复比赛时主裁判应宣布：“开始比赛。”

1. 运动员申诉

运动员不得就事实问题向ITF赛事监督/裁判长申诉。

2. 改判

只有当司线员做出明显错误的判罚时主裁才可以改判，并且改判必须在错误发生后即刻进行。

（1）明显错误

很难对明显错误做出非常清晰的定义。在实际执裁中，主裁判必须在毫无疑问地确认该判罚有误时才能进行改判。通常情况下，主裁判不应该对近线球的判罚进行改判。要改判司线员做出的一个“好球”的判罚，主裁判必须能够看见球和线之间有明显的空间。要改判司线员做出的“出界”的判罚，主裁判必须看到球落在线内或线上。

根据处理明显错误的程序，主裁判应该判罚司线员没有看见的明显的脚误。

（2）及时

除了明显错误外，网球规则要求主裁判的改判必须及时（如：在司线员犯了明显错误后即刻）。应该几乎在司线员做出错误判罚的同时进行改判。

主裁判决不能因为运动员的抗议或申诉而改判。

司线员决不能因为运动员的抗议或申诉而更改呼报。

3. 检查球印的程序

（1）只有在土地球场上才可以检查球印。

（2）只有当主裁判在其主裁判座椅上对一分球的最后一击的呼报不能做出决定时，或一名运动员/队在一分的回合球中主动停止击球时（允许回击来球，但运动员必须在击球后立即停止比赛），运动员/队提出检查球印的要求才能被允许。

（3）当主裁判决定检查球印时，他/她应当从主裁判座椅上下来亲自检查。若其不知道球印的位置，可以要求司线员帮助确定球印的位置，但必须由主裁判亲自检查。

（4）当司线员和主裁判都不能确定球印的位置或球印已看不清楚时，则应维持原先的呼报或已改判后的结果。

（5）一旦主裁判确定了球印位置并做出了裁决后，这个裁决将不能被申诉。

（6）在土地球场上进行比赛时，除非在十分确定的情况下，主裁判不应过快地呼报比分，如有疑问，报分前等一下以便决定是否需要检查球印。

（7）在双打比赛中，申诉的运动员/队必须以停止比赛或主裁判终止比赛的方式提出申诉。如果运动员/队向主裁判提出申诉，主裁判首先必须决定是否符合正确的申诉程序。如果申诉程序不正确或申诉的时间已晚，那么主裁判可以判定对方运动员/队受到故意干扰。

（8）如果在主裁判做出最终裁决之前运动员擦掉了球印，那就意味着他已认可主裁判的呼报。

（9）运动员不可以过网去检查球印，否则将按照运动员行为准则中的“不良体育道德行为”予以处罚。

四、电子回放系统的使用程序（鹰眼）

在使用电子回放系统的网球赛事中，在设有该系统的场地上的比赛应当遵循以下程序：

（1）只有在一分球的最后一击时或运动员/队主动停止进行中的比赛（可以允许回球，但之后运动员必须立即停止比赛）时，才能允许运动员要求对司线员的呼报或者主裁判的改判查看电子回放。

（2）当对司线员的呼报或改判有疑问时，主裁判应当决定使用电子回放系统。然而，如果主裁判确信运动员提出不合理的要求或者没有及时提出要求，他可以拒绝使用电子回放系统。

（3）在双打比赛中，申诉的运动员/队必须以停止比赛或主裁判终止比赛的这种方式提出申诉。如果运动员/队向主裁判提出了申诉，主裁判首先必须决定是否符合正确的申诉程序。如果申诉程序不正确或申诉的时间已晚，那么主裁判可以判定对方运动员/队受到故意干扰，在这种情况下申诉运动员/队将失分。

（4）如果电子回放系统由于任何原因不能对司线员的呼报或改判做出判定时，原先的呼报或改判将保持不变。

（5）主裁判的最终判决将是电子回放的结果，且这是不可申诉的。如果手动控制的电子回放系统被要求回放某个特定的球印，应由裁判长任命的官员决定将回放哪一个球印。

（6）每名运动员/队每盘允许有3次挑战失败的机会，平局决胜局中增加一次。对于长盘决胜制的比赛，运动员/队在6比6时以及之后的每12局将重新获得最多3次的挑战失败的机会。当比赛采用平盘决胜局决胜时，这个平盘决胜局将被视为一盘，每名运动员/队将拥有3次挑战失败的机会。运动员/队挑战成功的次数不受限制。

五、赛事/比赛的开始

一个赛事正式开始的标志是首场比赛的第一个球被发出。一场比赛正式开始的标志是本场比赛的第一个球被发出。

六、运动员的休息、医疗和上洗手间间歇

1. 两个赛事之间

如果ITF赛事监督/裁判长收到一名运动员的通知，关于他/她参加上一周ITF批准或认可的赛事的最后一场比赛的日期和时间，ITF赛事监督/裁判长应该尽可能在该场比赛和运动员下一个赛事的第一场比赛之前安排至少一天的休息，除非因为天气或其他不可避免的原因导致赛程被打乱，或者该运动员参加了在星期一或延期举行的决赛。

2. 预选赛和正选赛之间

除非遇到特殊情况，运动员在完成预选赛的最后一场比赛到正选赛单打第一

轮比赛之间应该至少有12小时的时间休息。如果运动员在一天内进行了两场预选赛，第二天不应安排其进行个人单打正选赛的首场比赛，除非该运动员作为幸运失败者而被选入正选赛。

3. 两场比赛之间

除非因为天气或其他不可避免的原因导致赛程被打乱，运动员一天最多安排一场单打和一场双打比赛，且应当安排在运动员完成前一天或上一轮最后一场比赛至少12小时之后。如果一天内有必要安排一场以上的比赛，至少应给予以下休息时间，除非该运动员参加连续举行的单打和双打决赛：

- 如果比赛时间少于1小时　　　——休息0.5 小时；
- 如果比赛时间在1～1.5小时　　——休息1小时；
- 如果比赛时间多于1.5小时　　——休息1.5小时。

4. 医疗

（1）医疗状况

医疗状况是指在热身或比赛时，允许由运动医学治疗师/运动理疗师进行医疗诊断或医学治疗的医学疾病或骨骼肌损伤。

- 可治疗的医疗状况：

◦ 急性医疗状况。在热身或比赛时突然出现的需要立刻进行治疗的身体疾病或骨骼肌损伤。

◦ 非急性医疗状况。在热身或比赛时逐渐加重或发展的需要在换边期间或盘间休息时进行治疗的身体疾病或骨骼肌损伤。

- 不可治疗的医疗状况：

◦ 在允许的时间内，任何不能恰当处理的，或在现有的医疗条件下不能改善病情的医疗状况。

◦ 在热身或比赛时，任何没有加重或恶化的医疗状况（包括症状）。

◦ 选手的一般性疲劳。

◦ 任何需要注射、输液或吸氧的医疗状况，除非赛前运动员提供患糖尿病的证明并被接受，可以对其进行皮下胰岛素注射。

（2）医疗诊断

在热身或比赛期间，选手可以向主裁判请求在下一次换边或盘间休息时接受运动医学治疗师/理疗师的诊断。只有当运动员出现急性医疗状况必须立即中断比赛时，选手可以向主裁判请求接受运动医学治疗师/理疗师的立即诊断。

医疗诊断的目的是为了确定选手是否出现了一种可以治疗的医疗状况，如果是，决定何时开始治疗。这种诊断应该在一个合理的时间段内完成，一方面要保障选手的安全，另一方面要维持另一选手比赛的连续性。由运动医学治疗师/理疗师决定是否需要与赛会医生共同进行诊断，如果需要，也可以到场下进行。

如果运动医学治疗师/理疗师诊断该选手出现的是不可治疗的医疗状况，那么该选手将被告知不允许接受治疗。

（3）医疗暂停

当运动医学治疗师/理疗师诊断完毕，请求额外的时间进行治疗时，由ITF赛事监督/裁判长或主裁判批准医疗暂停。医疗暂停应在换边或盘间休息的时候进行，除非运动医学治疗师/理疗师诊断认为该选手出现的是一种急性医疗状况，需要立刻进行治疗。

医疗暂停从运动医学治疗师/理疗师准备开始治疗时计时开始。根据运动医学治疗师/理疗师的需要，治疗可在场外进行，也可以与赛事医生一起进行。

医疗暂停限时3分钟。但是，在赛事奖金为25000美元及以下的职业赛事中，ITF赛事监督/裁判长可以根据需要适当延长治疗时间。

选手每个不同的可治疗的医疗状况可以允许一次医疗暂停，所有与炎热有关的病症被视为一个可治疗的医疗状况。所有可治疗的、发生在一个动力链内的骨骼肌损伤被视为一个可处理的医疗状况。

肌肉痉挛：选手只能在换边或盘间休息的时间内接受对肌肉痉挛的治疗。选手不能因肌肉痉挛而获得医疗暂停。

在确定选手是否出现急性医疗状况、非急性医疗状况包括痉挛或不可治疗的情况时，运动医学治疗师/理疗师（如果需要的话可包括赛会医生）的决定为最终决定。如果运动医学治疗师/理疗师认为选手出现了与炎热相关的病症，同时肌肉痉挛被认为是炎热相关的病症的临床症状之一，那么肌肉痉挛只能作为炎热相关的病症的一部分接受规定的治疗。

注：如果选手声称出现了急性的医疗状况而停止比赛，但是经过运动医学治疗师/理疗师或/和赛会医生诊断后认为是肌肉痉挛，这时主裁判应要求选手立刻继续比赛。

如果根据运动医学治疗师/理疗师或/和赛会医生的诊断，选手由于严重的肌肉痉挛而不能继续比赛，他/她可以放弃几分或几局以获得换边休息或盘间休息并在允许的时间内得到医学诊断和治疗。在一场比赛中一共可以有并不一定是连续的两次换边或盘间休息对肌肉痉挛的治疗的机会。

如果主裁判或ITF赛事监督/裁判长认为选手故意扰乱比赛，可以判其违反了行为准则中的“不良体育道德行为”条款。

在特殊情况下，如果运动医学治疗师/理疗师认为选手出现了至少两个不同的、急性的、可治疗的医疗状况，赛事监督或主裁判可以给予其最多两个连续的医疗暂停。这包括：一个身体疾病和一个骨骼肌损伤；两个或多个急性的不同的骨骼肌损伤。在这种情况下，运动医学治疗师/理疗师将在一次诊断中对两种或多种可治疗的医疗状况进行诊断，然后决定是否要求两个连续的医疗暂停。

（4）医学治疗

在换边或盘间休息时，运动员可以接受运动医学治疗师/理疗师和/或赛会医生给予现场治疗或医疗用品。作为一个准则，在医疗暂停前后利用换边休息或盘间休息对可治疗的医疗状况进行的治疗不能超过两次，且不必是连续的。诊断为不可治疗的医疗状况时，选手则不能接受治疗。

（5）处罚

在医疗暂停或治疗结束后，任何对恢复比赛有延迟的行为将按照违反行为准则中延误比赛的条款进行判罚。

任何对该医疗规则的运用使用欺骗手段的选手将按照违反行为准则中的不良体育道德行为进行判罚。

（6）出血

如果比赛中一名选手出血，主裁判必须尽快停止比赛并立即呼叫运动医学治疗师/理疗师上场诊断和治疗。如果需要，运动医学治疗师/理疗师可以和赛事医生一起诊断出血原因。如果必要，可以请求医疗暂停进行治疗。

如果运动医学治疗师/理疗师或赛会医生要求的话，ITF赛事监督/裁判长或主裁判可以给予总计5分钟的时间用来保证控制住出血。

如果血溅到了比赛场地或附近区域，必须恰当地将血迹清理干净后才能恢复比赛。

（7）呕吐

如果比赛时一名选手呕吐，当呕吐物落到比赛场地上或选手要求医疗诊断时，主裁判必须停止比赛。如果选手请求医疗诊断，运动医学治疗师/理疗师应判断选手是否出现可治疗的医疗状况，如果是，判断此情况是急性的还是非急性的。

如果呕吐物落到了比赛场地上，则必须将场地恰当地清理干净后才能继续比赛。

（8）体力不支

比赛中，如果发生紧急医疗状况，涉及的选手无法要求运动医学治疗师/理疗师上场时，主裁判应立即请运动医学治疗师/理疗师和赛会医生上场救助选手。

无论在比赛前还是比赛中，如果选手被认为由于身体原因不能参加比赛，那么运动医学治疗师/理疗师和/或赛会医生应立刻通知ITF赛事监督/裁判长，并建议判定该选手不适合参加比赛，或从正在进行中的比赛退出。

ITF赛事监督/裁判长在做出这个决定前要非常谨慎，应当考虑到职业网球竞赛的最大利害关系，将所有的医疗建议和其他相关信息都考虑清楚再做决定。

无论是当天还是之后几天，如果赛会医生诊断认为该选手的身体情况得到改善，达到适宜的比赛水平，可以安全地完成比赛，那么该选手可以继续完成该赛事中其他项目的比赛。

*得到普遍认可的是当由赛事自身无法控制的行政管理机构将国家性法律或政府的或其他约束规则施加给赛事时，赛会医生应该更多地参与在所有关于诊断和治疗等方面的决定。

5. 洗手间/更换服装间歇

一名选手可以请求离开比赛场地在合理的时间内去洗手间/更换服装（女子项目）。

去洗手间应该在盘间进行，且不得用于其他目的。

更换服装间歇（女子项目）必须在盘间进行。

在女子单打项目中，每位运动员每场比赛可以有两次间歇机会。

在男子单打项目中，三盘两胜的比赛每名运动员可以有一次间歇机会，五盘三胜的比赛中每名运动员可以有两次间歇机会。

在所有双打比赛中，每对选手一共可以有两次间歇机会。如果一方搭档两人一起离开场地算做使用一次间歇机会。

一名选手在任何时间离开场地去洗手间都被认为使用了一次间歇机会，无论对手是否离开场地。

一旦准备活动开始，无论何时去洗手间都被认为使用了被允许的间歇机会中的一次。

额外去洗手间是允许的，但如果选手没有在规定的时间内准备好开始比赛，将依据罚分表处罚。

任何滥用此规则的选手将依据行为准则中的不良体育道德行为进行处罚。

七、暂停和延期

主裁判或ITF赛事监督/裁判长可以因为天黑、场地或天气等原因临时中断或暂停比赛。这样的决定必须马上报告ITF赛事监督/裁判长。自比赛暂停，到ITF赛事监督/裁判长决定比赛延期之前，运动员、主裁判和所有场上的官员必须做好恢复比赛的准备。所有关于比赛推迟到第二天的决定必须由ITF赛事监督/裁判长做出。

如果是由于天黑的原因延期，应该在一盘比赛结束后或正在进行的一盘中双数局结束之后。

比赛暂停/延期时，主裁判应该记录时间、比分、局分、盘分、运动员和场地站边，并收好所有比赛用球。

当比赛被中断、暂停或延期后，重新热身的时间如下：

- 暂停0～15分钟　　——无重新热身；
- 暂停15～30分钟　　——3分种重新热身；
- 暂停30分钟以上　　——5分钟重新热身。

八、宣报

主裁判应该用英语和/或本地语言进行宣报。在所有的团体比赛中，应当使用国名或队名进行宣报。

1. 热身

- “3分钟”——距热身结束还有3分钟。
- “2分钟”——距热身结束还有2分钟。

- “1分钟”——距热身结束还有1分钟。
- “时间到，准备比赛”——热身结束，示意球传到发球员一方。

* “____发球，比赛开始”——发球员准备发球前即刻。

2. 介绍运动员

（1）如果是由主裁判介绍运动员，则在宣布“1分钟”后，宣布：

- “这是第____轮单/双打比赛，比赛采用三盘两胜/五盘三胜平局决胜制。在裁判椅左边的是____，在裁判椅右边的是____。____获得挑边权，选择了____。”
- “这是第____轮双打比赛。比赛将由两个平局决胜盘组成，采用无占先计分法。在盘数1比1时，将采用一个十分制平盘决胜局决定本场比赛的胜负。”

（2）如果是由另外一位播音员介绍运动员，在热身时宣布：

- “____获得挑边权，选择了____。”

3. 控制观众

应该对观众持尊重的态度，使用类似以下的说法（最好使用本地语言）：

- “请安静，谢谢。”
- “请坐下，谢谢。”
- “请尽快坐下，谢谢。”
- “出于对运动员的尊重……”
- “请不要用闪光灯照相。”

4. 报分

（1）除平局（平盘）决胜局之外，始终首先宣报发球方的分数。

（2）报分方法：

- “15–0，0–15，30–0，0–30，40–0，0–40，15–15，15–30，30–15，15–40，40–15，30–30，40–40，30–40，平分（不报40–40），占先，局结束。

（3）如果使用无占先计分法，在平分后宣报：

- “决胜分，接球方选择。”

（4）应该在一分比赛结束后大声而清晰地宣报比分。比分的宣报应当及时，之后才在记分表上书写比分，除非在某种情况下延迟宣报更为有效。

（5）在一局或一盘结束后，主裁判应当参照以下例子宣报局分：

- “史密斯胜本局，他/她或琼斯以4比2领先，第一盘”；或
- “史密斯胜本局，局分3比3，第一盘”；或
- “史密斯胜本局和第三盘，局分7比5，盘分2比1琼斯领先”。

如果有观众能看见的计分牌，则不需要报盘分。

每盘开始时主裁判可以宣布：

- “第二盘，史密斯发球”。

（6）当一盘比赛需要进行平局决胜局时，宣报：

- “史密斯胜本局，局数6比6，抢七”
- 在平盘决胜局开始前，宣报：
- “女士们先生们，现在将进行十分制平盘决胜局决定本场比赛的胜负。”

（7）在平局决胜局中，先宣报比分，然后报领先者的名字：

- “1比0 琼斯”或“1比0 琼斯/史密斯”。
- “1比1”。
- “2比1 史密斯”。
- 局决胜局中使用“zero”，而不用“love”。

平局决胜局结束时，宣布：

- “××胜本局和本盘，7比6”。

（8）在比赛结束时，宣布获胜者：

- “全场比赛结束，史密斯胜（盘分3比2），6-4，1-6，7-6，4-6，6-2。”

每盘中，将本场比赛获胜者的分数放在前面进行宣报。

5. 行为准则

（1）违反行为准则时根据罚分表进行的处罚应按以下例子宣报：

- “违反行为准则，延误比赛，警告，××先生/女士。”
- “违反行为准则，乱摔球拍，罚分，××先生/女士。”
- “违反行为准则，言语攻击，罚一局，××先生/女士。”

（2）违反观众过分倾向规则的处罚（团体赛）应按以下例子宣报：

- “违反行为准则，观众过分倾向，警告，（国家）。”
- “违反行为准则，观众过分倾向，罚分，（国家）。”

（3）队长的行为违反了规程的处罚（团体赛）应按以下例子宣报：

- “不良体育道德行为，队长，第一次警告，（国家）。”
- “不良体育道德行为，队长，第二次警告，（国家）。”
- “不良体育道德行为，队长，驱逐出场，（国家）。”

（4）不属于违反行为准则中无理延误比赛条款的违反时间准则的情况，应当按照以下例子宣报：

- “违反时间准则，警告，××先生/女士。”

如果仍有拖延：

- “违反时间准则，失去发球机会，××先生/女士，第二发球或报分”，或
- “违反时间准则，罚分，××先生/女士。”

（5）当罚分或罚局后，需宣报新的比分。

（6）当主裁判请ITF赛事监督/裁判长进场决定某个违反行为准则的行为是否导致取消比赛资格的处罚时，他/她应该通知运动员，必要时通知观众：

- “我要求赛事监督/裁判长进场讨论这一违反行为准则的行为。”

如果ITF赛事监督/裁判长决定取消运动员的比赛资格，应当按照以下例子宣报：

- “违反行为准则，身体攻击，取消比赛资格，××先生/女士。”

（7）运动员不能要求主裁判撤消给予其对手的违反时间准则或违反行为准则的处罚。

（8）违反时间准则和违反行为准则的处罚应当用英语宣报（可以选择性地加上当地语言）。

6. 医疗暂停

（1）当主裁判决定请理疗师/运动治疗师进场时，他/她应当宣报：

- “请治疗师到场地。”

（2）当3分钟医疗暂停被批准时，主裁判宣报：

- “××先生/女士现在接受医疗暂停。”

（3）为了让对手和治疗师掌握医疗暂停的剩余时间，主裁判应该与他们交流（不向公众宣报）：

“还有2分钟。”

“还有1分钟。”

“还有30秒。”

“治疗结束。”

（4）医疗暂停结束时，应给运动员必要的时间穿好鞋袜，然后主裁判宣布：

- “时间到。”

如果宣布“时间到”后30秒比赛仍未开始，将按照罚分表进行处罚。

（5）如果医疗暂停是在交换场地或盘间休息时进行，暂停时间应该加上交换场地或盘间休息允许的时间。

（6）如果运动员决定放弃分数/局数以接受对于肌肉痉挛的治疗，主裁判应当宣报：

“××先生/女士要求立即接受对于肌肉痉挛的医学治疗。他/她只有在交换场地/盘间休息时才能接受这一治疗，因此将放弃下个交换场地/盘间休息之前的全部分数和局数。”

（7）主裁判和理疗师/运动治疗师使用医疗暂停程序可参见附录3。

九、呼报

场上裁判员的口头呼报应当声音洪亮且清晰，例如：

1. Fault

如果一发或二发落在发球区以外。二发出界后，不能呼报“Double fault（双误）”。

2. Out

如果回球落在正确场地以外的地面、永久固定物或其他物体上，呼报“Out”。

3. Net

如果发球击中球网的顶部并越过球网，呼报“Net”。

4. Through

如果球从球网中穿过，呼报“Through”。

5. Foot Fault

如果运动员违反网球规则第18条，呼报“Foot Fault”。

6. Let

如果主裁认为依据网球规则第22和23条，一分需要重赛，或者一个发球需要重发，呼报“Let”。

7. Not up

如果运动员在球落地两次之前未能将球击回，呼报“Not up”。

8. Foul shot或Touch

如果球被故意击打两次，或者在越过球网之前被击中，或者运动员在活球期触网，或者一个活球触碰到了运动员，或者运动员穿戴或携带的物品掉进对手的场区（网球规则第24条），呼报“Foul shot”或“Touch”。

9. Hindrance

如果运动员故意或无意地做出干扰对手击球的行为（网球规则第26条），呼报“Hindrance”。

10. Wait, please

如果出现干扰或中断，有必要推迟开始一分或二发，呼报“Wait, please”。

11. 改判/更正

宣报“Correction, the ball was good”以改判一个明显错误的“out”的呼报。宣报“out”或“fault”以改判一个明显错误的好球手势。

十、司线裁判员的身体姿势与手势

图中类型Ⅰ表示司线裁判员位于主裁判对面，类型Ⅱ表示司线裁判员位于

主裁判同侧

（一）工作状态下的身体姿势

长线（非活球期）

长线（活球期）

发球线

端线（底线）

司网（单打）

司网（双打）

（二）出界或失误的手势

手臂完全伸展侧平举，指向球“出界”或“失误”的方向，手掌张开，手指并拢，掌心对主裁判。手势不可替代呼报，手势是对“出界”或“失误”呼报的补充。

底线出界Ⅰ

底线出界Ⅱ

发球线出界Ⅰ

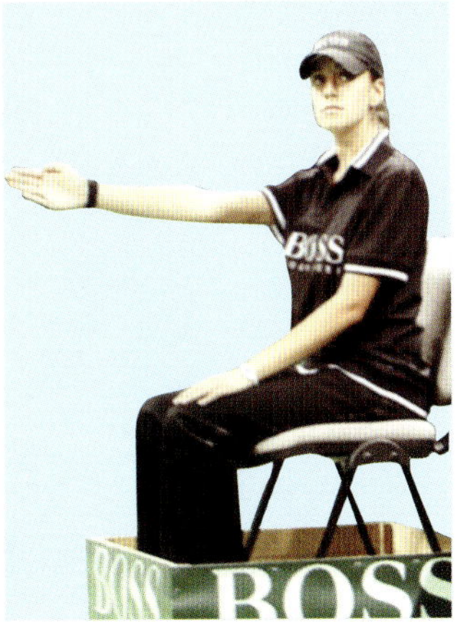

发球线出界Ⅱ

长线出界

（三）好球或界内球的手势

手掌并拢指向地面，动作幅度小。界内球不做口头呼报。在球回球过程中或一分球结束时，此判定仅以手势完成，以确认那是一个好球（通常当球落在线内1米附近时）。

底线 I

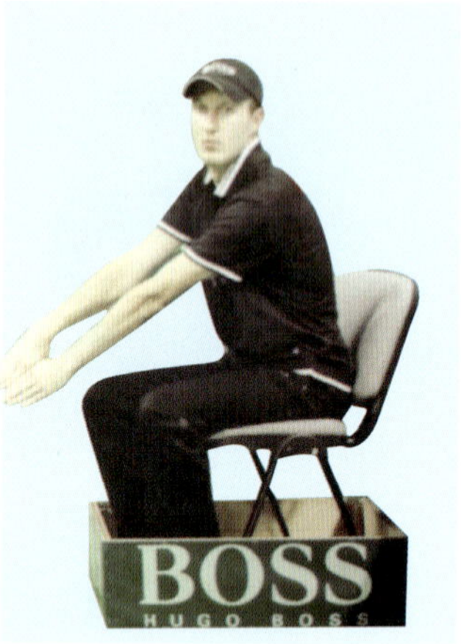

底线 II

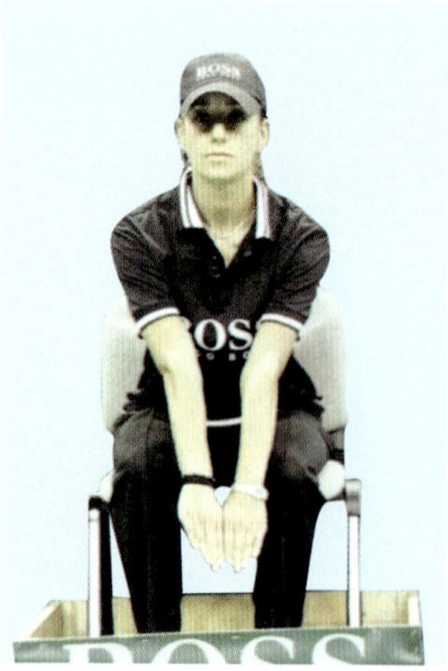

发球线 I

发球线 II

长线

（四）视线被挡的手势

双手置于双眼下方，手背朝主裁判。此手势表示司线员的视线因某种原因受到阻碍而无法呼报。司线员不必口头呼报，只需安静地做出手势。

（五）擦网或穿网的手势

单臂充分上举，在呼报“擦网”或“穿网”的同时举起。

（六）脚误的手势

单臂充分上举，在呼报“脚误”的同时举起。

长线

底线

（七）更正的手势

如果是从界内球改成界外球，不需要呼报“更正”，直接呼报“出界”，然后做出界手势；如果是从界外球改成界内球，在呼报“更正”的同时单臂充分上举，在做完更正手势后，还要再做一个界内球手势。

长线（步骤1）

长线（步骤2）

底线（步骤1）

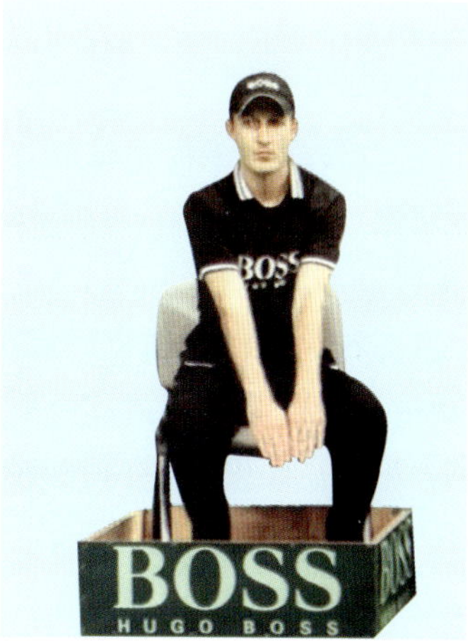

底线（步骤2）

十一、国际网联计分表/国际网联手持计分设备

1. 国际网联计分表

主裁判应该按照以下要求在计分表上记录：

（1）赛前

在与运动员进行赛前会议之前，将ITF计分表中的信息填写完毕，如运动员姓名、赛事名称、赛制、轮次、换球等。

（2）挑边

在掷币后记录获得挑边权的运动员及其选择。

（3）时间/中断

记录每盘开始和结束的时间。记录比赛中每次中断的时间和原因。

（4）发球位置

用每名运动员姓名的首字母记录一盘比赛中的发球顺序，依据他们在场地中的正确站边记录在相应的“发球位置”一栏。

（5）换球

提前在计分表的右侧预定的换球局处做出标记。

（6）比分

比分应该用斜线记录在计分表的方格中，或如下：

“A”–Ace

“D”–双误

此外，一发失误应该在发球员方格的底线中间用一个点来表示。

（7）局数

仅将赢得上一局比赛的运动员的总局分记录在“局数”一栏。

（8）违反行为准则和违反时间准则

当运动员违反行为准则或违反时间准则时，在计分表上该运动员的一格内标记“C”或“T”。如果出现罚分或罚局，在得分方标记“×”。当判罚失去发球机会时，如果是一发则用一个点“.”标记，如果是二发则用“×”标记。违反行为准则和违反时间准则还应在各自相应的区域内记录。

（9）陈述

应当对违规行为的全部事实进行陈述，包括但不仅限于准确引用所有被认为是不雅或粗俗的言语。

（10）痉挛（抽筋）

当运动员放弃比分以接受治疗时，应当在得分方标记“×”。

正确记录的计分表详见附录2。

2. 国际网联手持计分设备

主裁判应当按照以下要求将全部数据输入其手持计分设备中：

（1）赛前

在同运动员召开赛前会议之前，确定所有与比赛相关的数据已被准确输入手持计分设备中。比赛数据包括运动员的姓名、赛制、换球方案等。

（2）挑边

在掷币结束后，输入获得挑边权的运动员及其选择。

（3）时间/中断/暂停

比赛中任何中断都要及时且准确地输入，如去洗手间/更换服装间歇、10分钟间歇、比赛暂停及因雨推迟等。

（4）比分

应当及时且准确地输入比分。

（5）违反行为准则和违反时间准则

当判罚运动员违反行为准则或违反时间准则后，应当及时地将违规情况输入手持计分设备。此外，还应当有对于违规的全部事实情况做出的书面陈述，包括但不仅限于准确引用所有被认为是不雅或粗俗的言语。

可以从ITF裁判门户网站上下载相关教程，并且将在ITF职业巡回赛现场提供操作指导。

十二、裁判员的责任

裁判员的责任如下：

1. 底线、边线、发球中线和发球线司线员负责其相应界线的“out”和“fault”（出界）的判罚。

2. 司网裁判员负责“net”（擦网）和“through”（穿网）的判罚，并辅助测量球网和换球。

3. 底线、边线和发球中线司线员负责其相应界线“Foot Fault”（脚误）的判罚。

4. 主裁判负责“Let”（重赛）、“Foul Shot”（违规击球）、“Touch”（触及）、“Not up”（两跳）和“Hindrance”（干扰）的判罚。

十三、满线时的执法

如果主裁判有全部10名司线员的配合，那么各自的分工/职责如上所述。司线员不允许穿网进行判罚。边线和发球中线司线员应当站立执法。

十四、只有部分司线员的执法

如果司线员数量不足，推荐分工如下：

1. 7名司线员

（1）边线和发球中线由4名站立的司线员负责。

（2）所有的边线的判罚都只能在球网本侧。

（3）发球应当从接球方一侧场地进行判罚，发球结束进入正常比赛后发球中线司线员移动到无人执裁的边线上。

（4）一分球进行中司线员位置需要移动。

（5）一组有7名司线员时其职责如前所述。

2. 6名司线员

（1）边线和发球中线由3名站立的司线员负责。

（2）发球边线由发球员一方的司线员负责穿网看线，发球中线由接发球员一方的司线员负责。

（3）一分球进行中司线员的位置不移动。

（4）一组有6名司线员时其职责如前所述。

3. 5名司线员

（1）边线和发球中线由两名站立的司线员负责。

（2）分工与6名司线员时一样，但发球结束进入正常比赛后发球中线司线员应移动到无人执裁的边线上。

（3）一分球进行中司线员位置需要移动。

（4）一组有5名司线员时其职责如前所述。

4. 少于5名司线员

（1）主裁判应当根据最大利益指定司线员的分工。

（2）没有司线员执裁的所有界线应当由主裁判负责判罚。

（3）司线员的职责如前所述。

7名、6名和5名司线员在比赛中的位置和移动请参见附录4。

十五、无司线员的执法

如果主裁判需要在没有司线员的情况下执法，主裁判必须负责做出所有判罚。

十六、信任制的程序

信任制比赛的ITF赛事监督/裁判长执法程序和运动员注意事项请参见附录5。

十七、干扰

1. 由裁判造成的干扰

（1）如果一个“出界”的呼报被更正为“好球”，那么该分应该重赛，除非主裁认为这是一个明显的ace或制胜球，对手没有可能接到。如果该球存在任何合理的、能被接到的可能性，那么在有疑虑时必须做出对运动员有利的判罚。

（2）如果判罚由“好球”改为“出界”，该分结束，不存在干扰。

（3）如果发球员在击到球之前被呼报脚误，该分需重赛。

2. 外界干扰

如果运动员在比赛中或其发球动作中受到不被其控制的任何事物的干扰（球滚入场地，纸被风吹入球场等），该分应该重赛。

群众的噪音，观众喊出的“out”和其他类似分散注意力的情况不被认定为干扰，该分有效。

3. 运动员干扰对手

如果运动员干扰了对手，可以被判为无意或故意干扰。

（1）如果运动员无意中造成干扰（球从口袋掉出，帽子掉落等），第一次应该重赛，并且告知该运动员此后发生任何同类事件将被判为故意干扰。

（2）由运动员故意造成的干扰将导致其失分。

十八、连续比赛/拖延比赛

除了90秒的交换场地或120秒的盘间休息以外，从一分比赛结束到下一分球被发出最多可以有20秒的时间。执行此规则的程序如下：

1. 20秒规则

（1）从运动员被告知开始比赛或一分结束时开表计时。

（2）如果在20秒内没有击出下一分球，则判罚违反时间准则或违反行为准则。20秒到时前不需要警告。

2. 交换场地（90秒）和盘间休息（120秒）

（1）从最后一分结束时开表计时。

（2）60秒/90秒后宣报“Time”。

（3）如果75秒/105秒后运动员仍坐在椅子上或仍未开始走向他们的比赛位置，宣报“15秒”。

（4）若无其他干扰因素阻碍运动员发球，在所允许的90秒/120秒内没有击出下一分球，则判罚违反时间准则或违反行为准则（医疗暂停或治疗后）。

3. 接发球员未能按照发球员的合理节奏比赛

（1）从运动员被告知开始比赛或一分结束时开表计时。

（2）如果接发球员的行为延误了发球员的合理节奏，判罚违反时间准则（同样适用于20秒结束前）。

（3）如果接发球员一贯地或明显地延误发球员的发球节奏，判罚违反行为准则，适用“不良体育道德行为”条款。

十九、赛场运动员不正当行为

在比赛中主裁判负有执行行为准则的主要责任。当运动员违反行为准则时，立即做出判罚。应当对每个违反行为准则的行为予以处罚。赛后主裁判仍需继续执行行为准则，将事实报告给ITF赛事监督/裁判长。

二十、主裁判未察觉的违规行为

有时候只有司线员看到了运动员的违规行为。

司线员应该立即向主裁判报告违规行为的事实情况，报告时主裁判应该关上裁判椅区域内的麦克风。

主裁判可以要求运动员对该报告做出解释，然后主裁判必须做出决定，要么不理会这个报告，要么判罚违反行为准则。如果判罚违反行为准则，主裁判必须向运动员、对手和观众宣报这一判罚。

如果主裁判认为存在违反行为准则的情况，但由于发现的时机或当时不适合做出判罚，他/她必须告之运动员，他/她将在赛后向ITF赛事监督/裁判长报告这一事件。

二十一、立即取消比赛资格

ITF赛事监督/裁判长可以对任何违反行为准则的行为做出取消其比赛资格的决定。

不经过罚分程序而立即取消比赛资格是一个重大的决定，除非在非常严重且公然违例的情况下才能使用。

二十二、裁判员行为准则

ATP、大满贯赛事委员会、ITF和WTA作为联合认证组织（Joint Certification Programme）的成员，对于在ATP、大满贯、ITF和WTA赛事中工作的所有认证裁判员（绿牌、白牌、铜牌、银牌和金牌）和其他所有裁判员的职业性提出了很高的标准。

（一）必要标准

1. 裁判员必须具备良好的身体状况。

2. 裁判员的裸眼或矫正视力必须达到20–20，听力正常。此外，国际级主裁判必须每年向国际网联提交一份视力检查表，其他认证裁判员必须每三年向国际网联提交一份视力检查表。

3. 裁判员必须准时到达他们被分配的比赛现场。

4. 裁判员必须理解网球规则、裁判员职责和程序，以及所有ATP、ITF、WTA和大满贯赛事的规程及他们所执法的赛事的行为准则。

5. 裁判员应该保持良好的个人卫生并始终保持良好的职业形象。

6. 裁判员不得在他们执法当天，或者在进行比赛的赛场上，或者穿着制服时饮用任何含酒精的饮料。作为一项指导性原则，裁判员在执裁前12小时内不应饮用酒精饮料。

7. 裁判员必须始终对所有运动员保持绝对的公正性。特别是：

（1）裁判员不得执法任何被认为与其有利益冲突关系的运动员的比赛。这种冲突的情况将致使一名裁判员不适合完成这一任务。

（2）裁判员不应当同运动员进行社交往来或者与运动员过于亲密，或者发展任何关系或发生任何导致他人怀疑其作为网球裁判公正性的行为。不限制裁判员参加运动员可能出席的社交宴会。不限制裁判员与运动员下榻同一酒店，但裁判员不得与任何年龄的运动员住在同一个房间内。

（3）裁判员必须向国际网联（officiating@itftennis.com）登记任何可能的利益冲突，国际网联代表联合认证组织的所有成员管理该组织。例如，如果他们是职业网球运动员、国家网球教练员、国家网球队队长、某赛事主任/组织者，如果他们在与网球有商业利益的公司工作或他们是某职业网球运动员的亲密友人、亲属或选手支持团队的成员。

8. 裁判员不得向除当值裁判员本人、赛事监督/裁判长或ATP、大满贯赛事委员会、ITF和WTA组织中主管裁判工作的人员之外的任何人，批评或者试图解释其他裁判员的呼报或判决。

9. 裁判员应当在所有司法管辖区内遵守适用的刑法。为消除疑虑，且不限制前述规定，当一名裁判员在任何司法管辖区内被定罪或认罪或对犯罪指控不反抗或不提出上诉时，即认为其违反了本规定。

10. 裁判员受制于且必须遵守一致性网球反腐计划中的所有条款，裁判员有责任熟悉该计划中的所有规定，包括向网球诚信部门（confidential@tennisintegrityunit.com）汇报任何潜在的腐败行为的要求。

11. 除了在比赛中常规控制观众的过程之外，裁判员不应与观众交谈。

12. 未经赛事监督/裁判长同意，裁判员不得接受其关于网球执裁的言论可能被刊出或播报的媒体采访或与记者会面。

13. 裁判员不应进行不公正、不职业、犯罪或不道德的行为，包括试图伤害或非故意地干扰其他裁判员、运动员、赛事工作人员和公众。所有裁判员必须用行动为其他裁判员树立良好的榜样。

14. 裁判员不应滥用其权威或控制地位，且不应损害其他裁判员、运动员或赛事工作人员的心理、生理或情绪健康。

15. 裁判员不应对其他裁判、运动员或赛事工作人员进行性骚扰或性虐待。

16. 裁判员所有与赛事相关的要求必须向赛事监督/裁判长或裁判组长提出，而不能直接向赛事主管或工作人员提出。

17. 裁判员应当承诺于每个赛事，直到赛事监督/裁判长宣布其结束工作。如果一名裁判员接受了一个比赛任务，他/她不应退出比赛而去执法同期进行的另一项比赛，除非得到ATP、大满贯赛事委员会、ITF或WTA裁判员负责人的许可

（如适用）。

（二）违规与制裁

1. 所有裁判员都有持续的义务向联合认证组织揭发他们意识到的关于自己或其他裁判员的任何实际的、可疑的或宣称的违反裁判员行为准则的行为。

2. 如果宣称的违规行为发生在某赛事的现场，应当在经过现场赛事监督/裁判长的初步调查后向相关组织的裁判员负责人报告。现场赛事监督/裁判长有权做出关于该裁判员能否参与该赛事的决定，包括在一项赛事中暂时解雇某裁判员的权利。

3. 对于在其他时间发生的违规行为，应当向ITF裁判委员会进行书面报告。

4. 当收到所谓的关于裁判员违反行为准则的报告时，相关的裁判员负责人应当及时对事件进行审查，并做出是否要求对宣称的违规行为的全部事实进行深入调查的决定。如决定进行调查，相关的裁判员负责人将通知纪律检查组，然后书面通知与被调查违规行为相关的裁判员，并至少给予10天时间提供其认为与本调查相关的信息或证据。在调查进行期间，所有裁判员负责人都有权暂时取消该裁判员的执裁资格。相关的裁判员负责人将尽其最大努力在合理的时间内结束调查。

5. 调查结束后，应当由纪律检查组判决是否有充足的证据认定违反裁判员行为准则的情况确有发生。

6. 当确定一个违规情况发生后，纪律检查组应决定对该裁判员做出何种合理的制裁。在确定合理的制裁方式时，纪律检查组可以考虑所有相关的因素，包括但不仅限于（1）违规情况的严重性。（2）网球比赛的声誉和诚信。纪律检查组对可用的制裁的范围有绝对的自由裁量权，包括但不仅限于（a）谴责和对未来的行为提出警告，（b）取消执裁资格或（c）在一定时期内取消执裁资格。纪律检查组应当及时对调查结果和施加于裁判员的任何执裁方式做出书面通知。

7. 纪律检查组基于本裁判员行为准则条款A）9——在任何司法管辖区内被定罪或认罪或对犯罪指控不反抗或不提出上诉而做出的任何决定都将是最终决定。

8. 任何由于违反裁判员行为准则而受到制裁的裁判员，上述条款B）7中声明的情况除外，都可以在接收到纪律检查组的决议之日起14天内对该决议提出书面申诉，并声明上诉的具体原因。该上诉应当提交至申诉组，该组织由4人组成，分别代表ATP、大满贯赛事委员会、ITF和WTA（当事人为国际裁判员时）；或由2人组成，代表ITF裁判委员会（当事人为绿牌和/或白牌裁判时），该组织成员在每个日历年的年初指定，将不能参与纪律检查组的调查或决定。申诉组将在接到上诉之日的21天内指定为上诉举行听证会的时间和地点，听证会可以当面进行，或通过电话会议或视频会议进行。届时当事裁判员将有机会向申诉组书面呈上其观点。申诉组将在听证会后21天内公布其决议。申诉组做出的决议将是最终决定。

9. 如果纪律检查组和/或申诉组认为有必要，其依据裁判员行为准则做出的任何决定都可以与相关的国家网球协会成员进行合理的沟通。

注：对于所有国际级裁判员（铜牌、银牌和金牌）而言，纪律检查组指ATP、大满贯赛事委员会、ITF和WTA的代表，对于所有绿牌和白牌裁判员而言是指ITF裁判委员会。

第三节　补充说明

一、适用范围

本文件适用于所有国际网联或中国网球协会批准、认可的赛事，除非另有说明。

二、解释

1. 用断弦的球拍比赛

在职业网球赛中，运动员不可以用断弦的球拍开始一分的比赛。如果在比赛过程中拍弦断了，运动员必须继续打完这一分。如果接发球的运动员回击一个擦网的一发时拍弦断了，他/她必须马上更换球拍。如果接发球的运动员回击一个出界的一发时拍弦断了，他/她可以选择马上更换球拍，这样发球员可以重新进行一发，或者选择用断弦的球拍打完这一分，这样发球员就只能继续第二发球。

2. 管状支架/球网下的摄影机

如果运动员碰到管状支架/摄影机，则将它们视为球网的一部分。如果球碰到管状支架/摄影机，则将它们视为地面的一部分。

3. 更换湿鞋袜

如果运动员在交换场地的开始时提出更换湿鞋袜，在新鞋袜已经准备好的情况下，他/她可以被允许有合理的额外的时间进行更换。在一场比赛中这种情况只可以允许一次，除非发生“装备失调”的情况（例如，湿鞋袜导致场地无法进行比赛）。这时主裁判有权就当时情况对每个请求做出裁决。

4. 主裁判未看到的事实问题

主裁判必须对他/她负主要责任的判决（两跳、触及和没有司网裁判员时的擦网/穿网）做出即时判断。如果主裁判没有看见这些违反规则的行为，那么该情况就视为没有发生，且原比分必须有效。

5. 隐形眼镜和眼镜

如果运动员在开始比赛时佩戴了隐形眼镜或眼镜，它们将被视为比赛的必要装备，如果隐形眼镜或眼镜失调（例如，隐形眼镜脏了或眼镜破了），可以给予运动员合理的时间进行调整。但是，不能给予运动员合理的时间将眼镜换成隐形眼镜，或反之（当其使用的装备没有失调时）。

6. 电子设备

运动员不可以在比赛过程中使用任何电子设备（例如，CD播放器、手机等），除非经过ITF赛事监督/裁判长的批准。

附录1

ITF裁判员官方网站

可在ITF裁判员官方网站– https://officiating.itftennis.com获得以下信息：

- 认证裁判员名单
- 认证要求
- 执裁准则
- 规则与规程
- 评估表和准则
- 培训信息
- 工作安排（职业巡回赛、戴维斯杯、联合会杯、大满贯赛事）
- 视力测试表
- 开卷测试
- 主裁判的宣报（多语言版）
- 赛事策划软件教程（职业赛、青少年赛和元老赛）
- 电子表格：

  ITF职业巡回赛

  ITF青少年巡回赛

  ITF轮椅网球巡回赛

  BNP Paribas戴维斯杯

  BNP Paribas联合会杯

附录2

国际网联计分卡

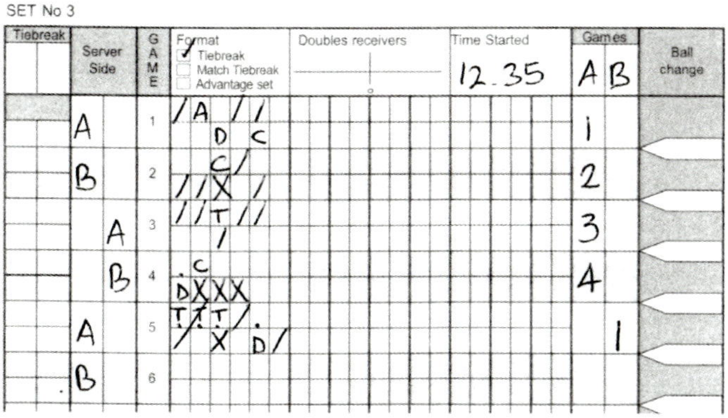

TIME VIOLATIONS

Team / Player(s)	A. ADAMS						Team / Player(s)	S. BROWN					
Step	Set	Games	Points	Player	20s	90s	Step	Set	Games	Points	Player	20s	90s
1	3	2-0	30-15		✓		1		-	-			
2		-	-				2		-	-			
3		-	-				3		-	-			
4		-	-				4		-	-			

CODE VIOLATIONS (POINT PENALTY SCHEDULE)

Team/Player(s)	A. ADAMS					
Step	Set	Games	Points	Player	Code	Description
1		-	-			
2		-	-			
3		-	-			

Team/Player(s)	S. BROWN					
Step	Set	Games	Points	Player	Code	Description
1	3	1-0	0-0		RA	AFTER LOSING THE GAME, HE BROKE HIS RACKET INTO PIECES.
2	3	1-0	0-30		BA	DELIBERATELY HIT A BALL OUT OF THE STADIUM.
3	3	3-0	0-15		UnC	SPAT IN THE DIRECTION OF A LINE UMPIRE AFTER A FOOTFAULT CALL.

ABBREVIATIONS (CODE OF CONDUCT)

Del	Unreasonable delays	BA	Ball abuse	CC	Coaching, coaches
AOb	Audible obscenity	RA	Racket abuse	UnC	Unsportsmanlike conduct
VOb	Visible obscenity	VA	Verbal abuse		
		PhA	Physical abuse		

附录3

主裁判和理疗师/运动治疗师对运动员的医疗暂停程序

不是在换边和盘间休息	
运动医生	主裁判
	主裁判开表
	主裁判：**“医生请到场”**
医生到达	
医生开始诊断	主裁判：“医生正在诊断”
医生告诉主裁判“开始3分钟治疗”	主裁判重新开表并说：**“某先生/女士正在接受伤病治疗”**
	主裁判：“还剩下2分钟”*
	主裁判：“还剩下1分钟”*
	主裁判：“还剩下30秒”*
医生离开场地	主裁判：“治疗结束，”**“时间到”**#
	如果运动员30秒后还未开始比赛则宣报“违反行为准则，拖延比赛”（Code Violation，Delay of Game）

在换边和盘间休息期间	
运动医生	主裁判
	主裁判开表90/120秒计时
医生开始诊断	
在快到60/90秒时，医生告诉主裁判“开始3分钟治疗”	主裁判：**“某先生/女士正在接受伤病治疗”**
	60/90秒用完，主裁判回表到0然后重新计时
	主裁判：“还剩下2分钟”*
	主裁判：“还剩下1分钟”*
	主裁判：“还剩下30秒”*
医生离开场地	主裁判：“治疗结束，”**“时间到”**#
	如果运动员30秒后还未开始比赛则宣报“违反行为准则，拖延比赛”（Code Violation，Delay of Game）

换边和盘间休息之后

运动医生	主裁判
	主裁判开表90秒计时
医生到达	
医生开始诊断	主裁判："医生正在诊断"
	55/85秒后，主裁判询问医生："快到60/90秒了，开始3分钟治疗吗？"
医生："不行，只能在换边或盘间休息时治疗"	主裁判：**"时间到"**
或：医生告诉主裁判"我正在诊断"	主裁判等待医生的诊断
医生告诉主裁判"开始3分钟治疗"	主裁判重新开表并说：**"某先生/女士正在接受伤病治疗"**
	主裁判："还剩下2分钟"*
	主裁判："还剩下1分钟"*
	主裁判："还剩下30秒"*
医生离开场地	主裁判："治疗结束" **"时间到"**#
	如果运动员30秒后还未开始比赛则宣报"违反行为准则，拖延比赛"（Code Violation，Delay of Game）

注：主裁判向观众宣报加粗部分的字体内容。而其他的交流将只限于运动员和医生之间。

* 治疗完成，医生离开场地，主裁判宣布："治疗结束，" "时间到"。

宣布治疗完成后，如果需要，可给一定的时间让运动员穿袜子，然后呼报时间到。

在请运动医生到场地后，赛事监督和裁判长也要被请到场地上，并与医生和主裁判进行适当的交流。

附录4

ITF司线员位置

一、7名司线员

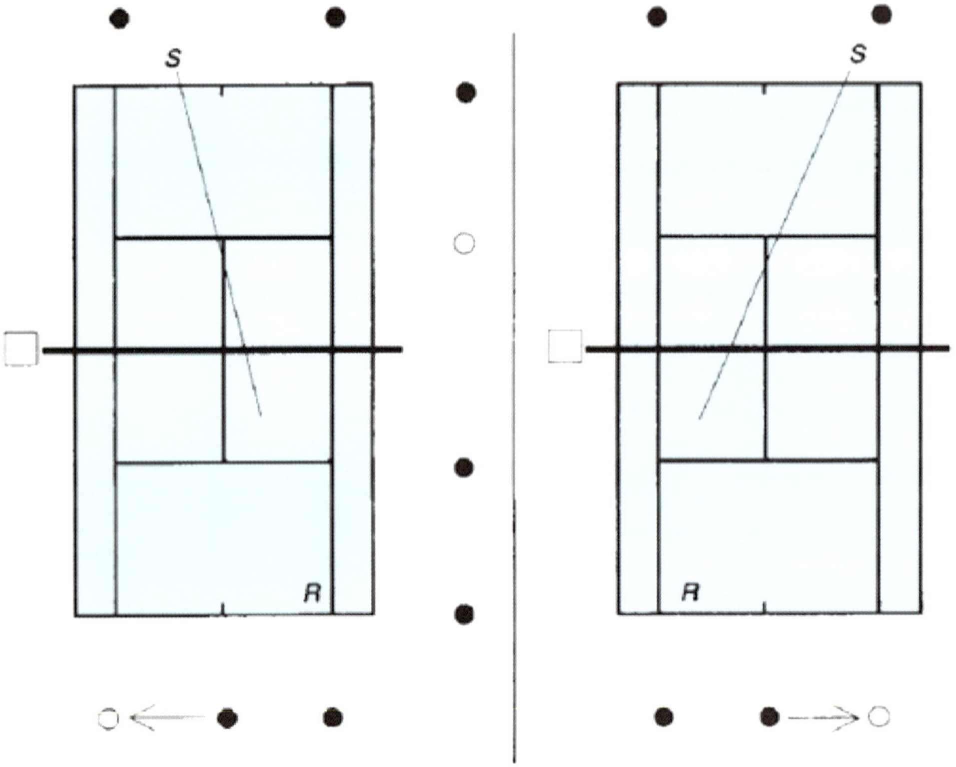

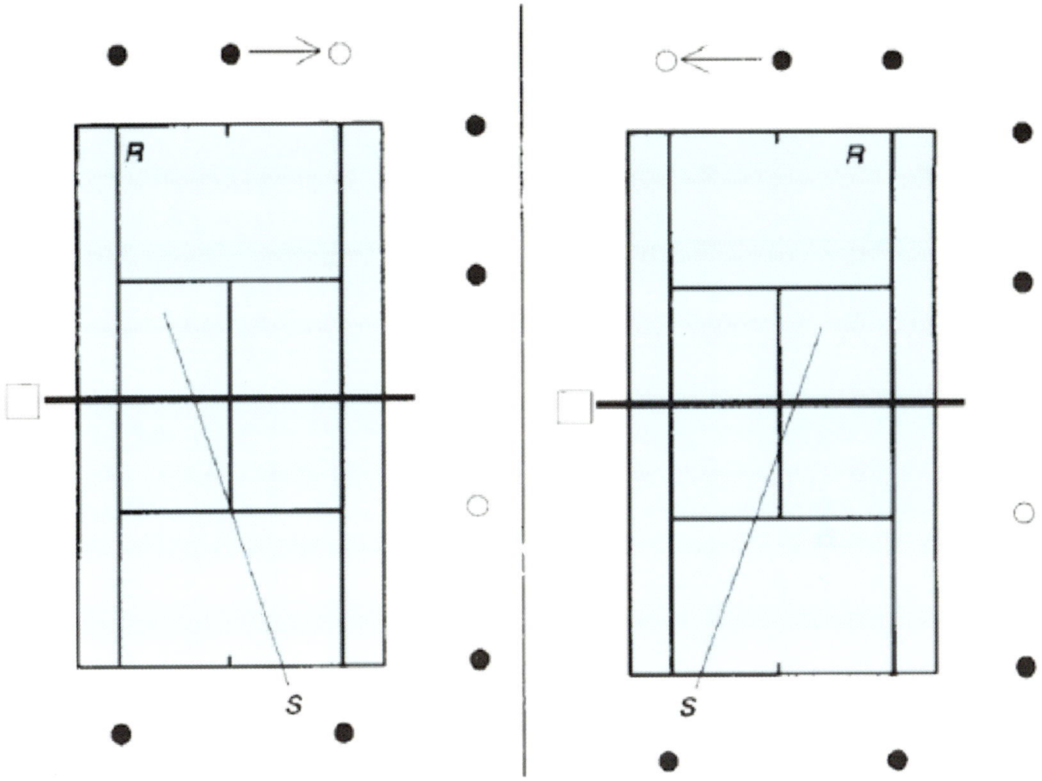

7名司线员

1. 边线和发球中线由4名站立的司线员负责。

2. 所有边线的判罚都只能在球网同侧。

3. 发球应当从接球方一侧场地进行判罚，发球结束进入正常比赛后发球中线司线员移动到无人执裁的边线上。

4. 一分球进行中司线员位置需要移动。

二、6名司线员

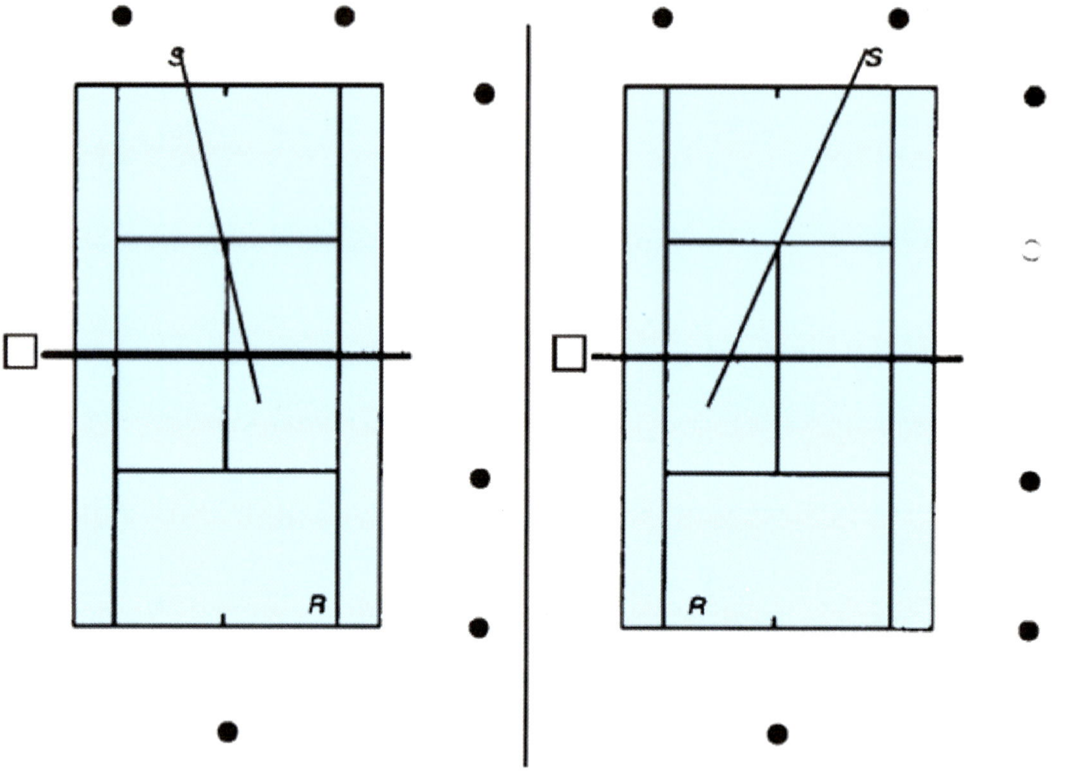

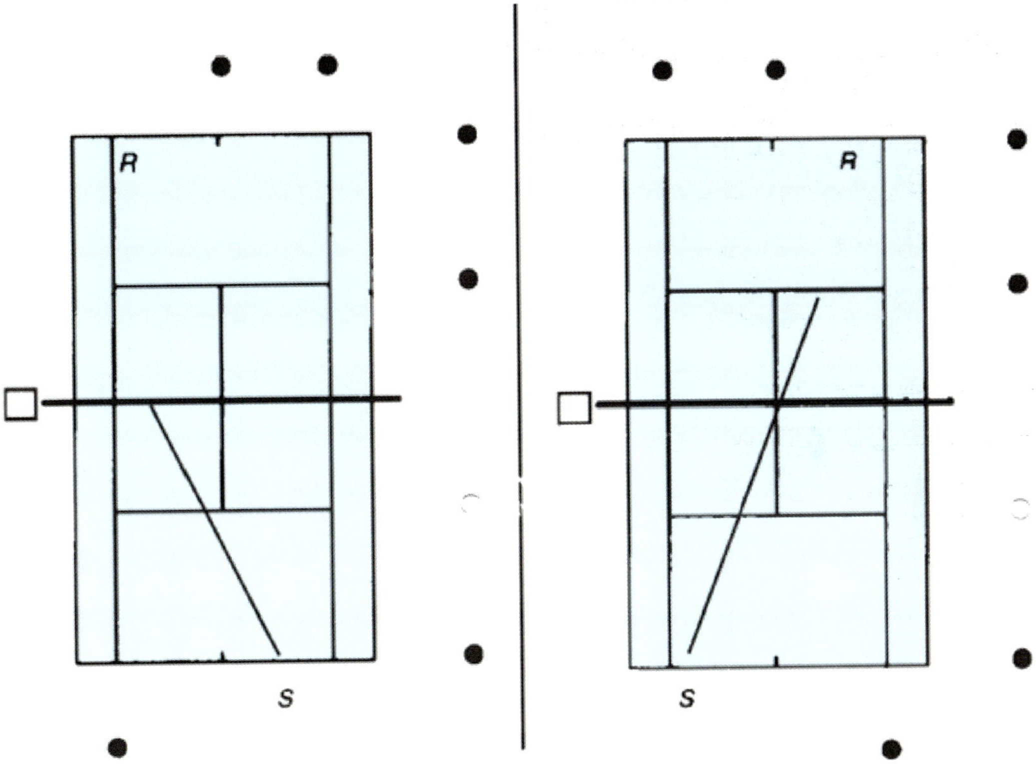

6名司线员

1. 边线和发球中线由3名站立的司线员负责。

2. 发球边线由发球员一方的司线员负责穿网呼报，发球中线由接发球员一方的司线员负责。

3. 一分球进行中司线员的位置不移动。

三、5名司线员

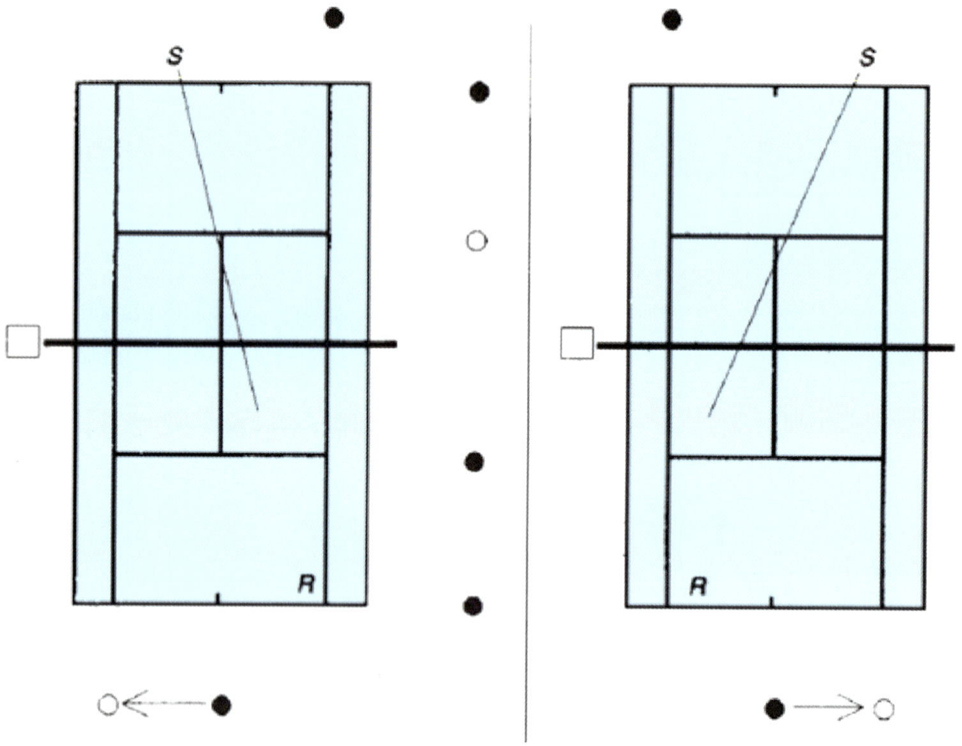

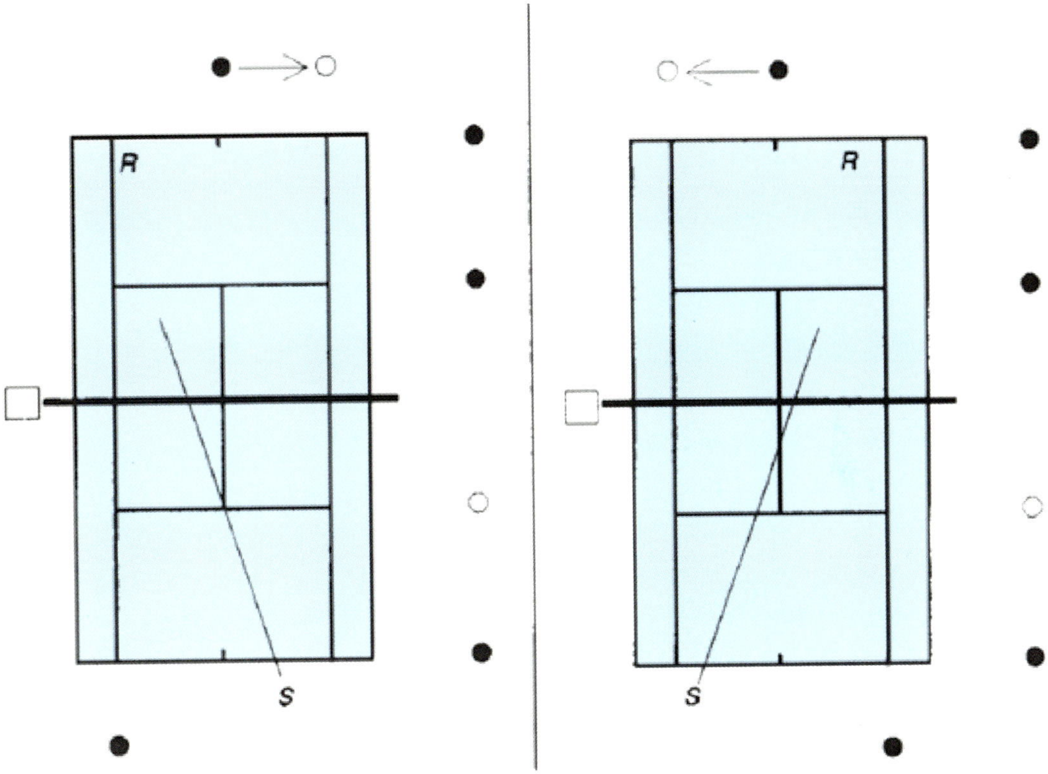

5名司线员

1. 边线和发球中线由两名站立的司线员负责。

2. 分工与6名司线员时一样，但发球结束进入正常比赛后发球中线司线员应移动到无人执裁的边线上。

3. 一分球进行中司线员位置需要移动。

附录5

信任制程序

一、运动员须知

信任制比赛

在本赛事中，有些比赛会采用信任制方式进行。在这些情况下，运动员需要注意以下基本规则：

•每名运动员负责场地自己一侧的所有判决。

•所有“out”和“fault”判决应该在球落地后及时做出，并且声音要足够洪亮，使对手能够听见。

•如有不确定，运动员应该做出对对手有利的判决。

•如果运动员错误地呼报了“out”，之后意识到此球为好球，这一分应该重赛，除非这是一记制胜分，或者该运动员在本场比赛中已经出现过同样的错判。在这些情况下，该运动员失分。

•发球员应该在一发前宣报比分，声音应足够洪亮，使对手能够听见。

•如果运动员对对手的行为或判决不满意，应该向裁判长（或助理）反映。

在土场比赛中，运动员还需遵循一些额外的程序：

•可以在一分结束后检查球印，或在停止比赛后（允许回球，但随后运动员必须马上停下）。

•如果运动员对对手的判决有疑问，他/她可以要求对手指出球印。然后运动员可以越过球网去检查球印。

•如果运动员将球印擦掉，表示他/她同意对方的呼报。

•如果双方对球印有争议，可以由裁判长（或助理）作最终判决。

•如果运动员判定一球“out”，他通常应该能指出球印。

•如果运动员错误地呼报了“out”，之后意识到此球为好球，他将失分。

如果运动员不能公平地遵守这些规则，可以按照ITF行为准则中的干扰规则和不良体育道德行为条款对其进行处罚。

如对这些规则有任何疑问，请向ITF赛事监督/裁判长询问。

二、ITF赛事监督/裁判长使用程序

（一）信任制比赛

国际网联意识到在有些赛事中不是所有比赛场次都能够安排主裁判。为了采用统一的方法，我们制定了这些规则，以保证在全世界范围内比赛能够采用相似的方式处理。

请找到附带的运动员须知，此文列出了在信任制比赛中运动员使用的程序。如果你是一位裁判长，而有部分比赛将在这样的条件下进行，请注意要将这份运动员须知张贴在比赛场地。

显然，这样的比赛可能出现一些问题，因此裁判长（和助理）尽量频繁地在各场地巡查是很重要的。运动员希望在出现问题时能很容易地找到裁判员。裁判长（和助理）在处理困难的情况时应该遵循以下程序。

（二）界内外争议（非土场的比赛）

如果裁判长（或助理）因一个界内外球的判罚被叫进场地，而他/她没有观看比赛，他/她应该向做出这一判罚的运动员询问（在他/她本侧的场地）其是否确定这一呼报。如果运动员确认这一判罚，则判罚和比分有效。

如果觉得比赛需要一名裁判员，尝试找一名主裁判来负责包括出界等的所有判罚。如果无法实现（例如，没有可用的主裁判，没有主裁判椅），裁判长（或助理）可以留在场边观看剩下的比赛，并告诉运动员他/她将更正所有运动员做出的明显错误的呼报，运动员将失分。

如果在场外的裁判长（或助理）正好在观看比赛，而此时运动员做出一个明显错误的判罚，他/她可以进场告诉该运动员这个不正确的呼报构成了一个对对手的无意干扰，此分将重赛。裁判长（或助理）必须同时告诉这名运动员如果再出现明显错误的判罚，将被认为是故意干扰而被判失分。此外，如果裁判长（或助理）确定该运动员明目张胆地做出了错误的呼报，可以判罚违反行为准则——不良体育道德行为。

裁判长（和助理）必须注意不要在未被要求或非必要的情况下过多地涉入比赛，或对近线球的错误呼报使用干扰规则。在实际中，使用干扰规则之前，裁判

长（或助理）必须十分确定运动员做出了极差的呼报。

（三）球印争议（只限土场）

如果裁判长（或助理）被要求处理一个争议，他/她应首先询问双方运动员是否同意争议的是哪一个球印。

如果双方运动员认可球印，但是对球印的界内外判定有争议，裁判长（或助理）应该判定此球印是好球，还是出界。

如果双方运动员不同意是哪一个球印，裁判长（或助理）应该向双方了解击球的类型，以及击球方向等。这将可能协助判断哪一个是正确的球印。如果这类信息无法提供帮助，球印所在场地一方的运动员的判决为最终判决。

（四）比分争议

如果裁判长（或助理）被要求处理一个比分争议，他应该与双方运动员讨论找出双方同意的那些分数和局数，这些被认为有效，而双方有争议的分数或局数将重赛。

例如，一名运动员认为比分是40—30，而他的对手认为是30—40。经过讨论，你发现他们仅仅对谁赢得该局第一分有争议。正确的处理应该是从30—30开始继续比赛，因为双方都同意他们在该局赢得了两分。

如果双方对局分有争议，应该使用一样的标准。例如，一名运动员认为他/她4–3领先，而其对手认为自己4–3领先。经过讨论，你发现他们都认为自己赢了第一局。正确的处理应该是从3–3开始继续比赛，因为双方都同意他们赢得了3局。上一局接发球的运动员将在下一局发球。

处理完比分争议后，裁判长（或助理）需要重申发球员在每个第一发球前必须大声报比分使对手能够听见。

（五）其他问题

在没有主裁判的情况下，还有一些情况是难以处理的。

如果有关于擦网、两跳和违规击球的争议时，裁判长（或助理）需要向运动员了解情况，然后决定是维持判决还是重赛。

只有裁判长（或助理）才能判罚脚误，接球员不可以。但是只有当裁判员在场内时才可以判罚脚误。如果他当时在场外，则不可以判罚。

教练员指导和其他违反行为准则或时间准则的行为只能由裁判长（或助理）进行判罚，所以裁判员观察运动员和教练员的行为是非常重要的。当做出这些判罚时，裁判长（或助理）应该尽快进场，并告知运动员他被判罚违反行为准则或时间准则。

裁判长（或助理）的判决是最终判决。

如果运动员不能公平地遵守这些规则，可以按照ITF行为准则中的干扰规则和不良体育道德行为条款对其进行处罚，但只能在明显的情况下使用。

第二章　裁判案例分析

第一节　场地和永久固定物

1. 两个双打网柱的中心之间的距离是多少？网球场上哪条线的宽度是固定不变的？网球场上允许的线的最大宽度是多少？底线的最小宽度是多少？单、双打线之间通道的具体尺寸是多少？中心网带的最大宽度是多少，必须是白色的吗？单打支柱的最大直径是多少？两条发球线之间的距离是多少？

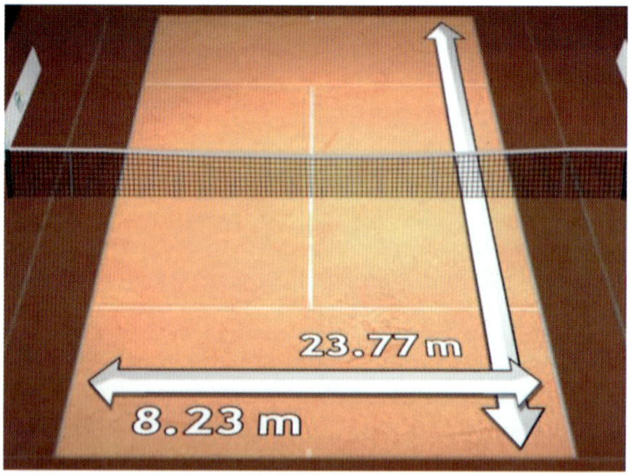

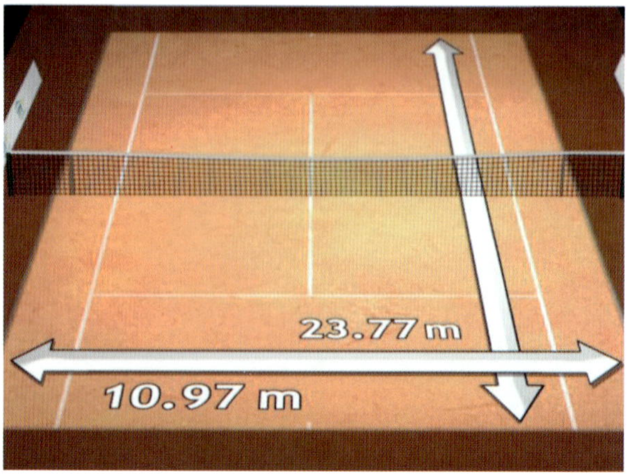

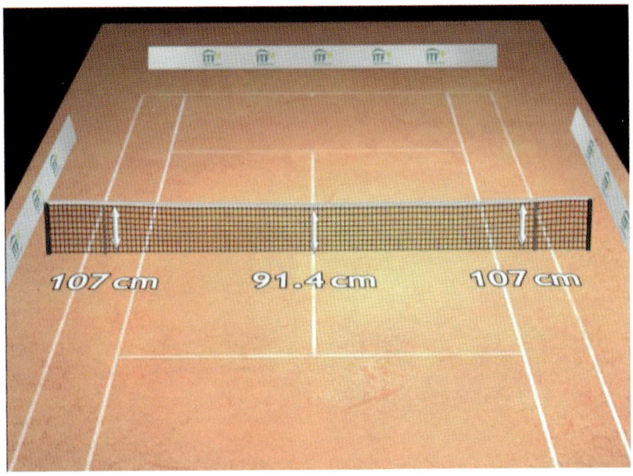

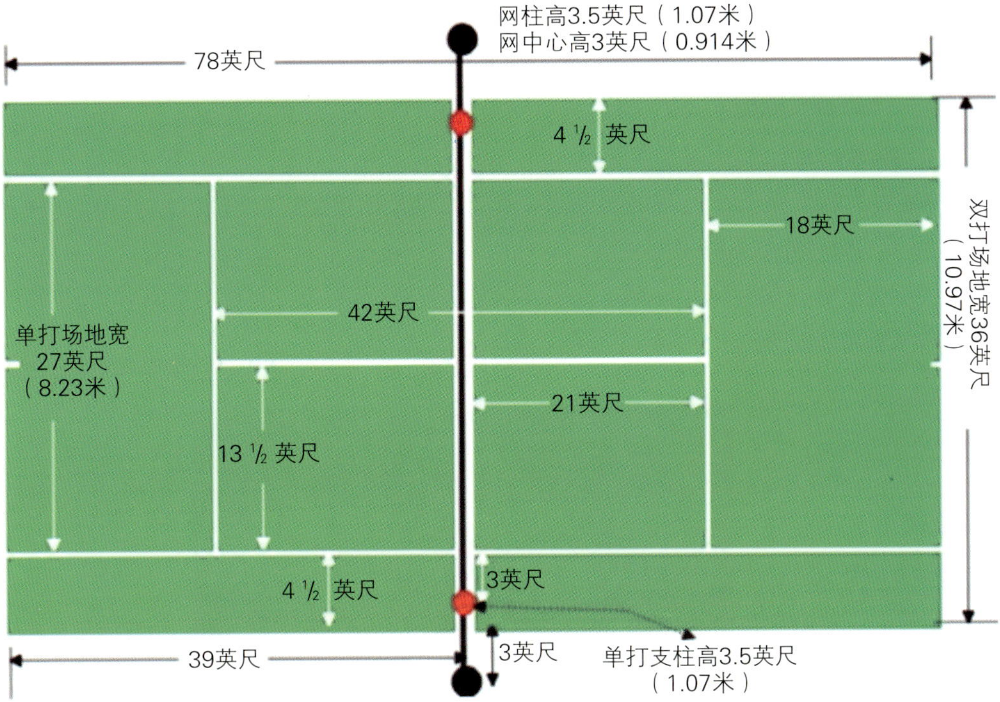

解析：两个双打网柱的中心之间的距离为10.97米+0.914米×2=12.798米。网球场上发球中线和中点的宽度固定不变。网球场上允许的线的最大宽度是10厘米。底线的最小宽度是5厘米。单、双打线之间通道的具体尺寸为（10.97米-8.23

米）/2=1.37米。中心网带的最大宽度是5厘米，必须是白色。单打支柱的最大直径是7.5厘米。两条发球线之间的距离是6.40米×2=12.80米。

2. 赛场后方的背景布或者赛事广告不能是白色或者黄色的。

解析：对，不应该是浅颜色也不能有多种颜色，否则会影响运动员在比赛中的视线。以上是两个比赛的背景布，A的底色是淡蓝色，在强光照射下有一些晃眼；B的底色是深蓝色就好多了。

3. 在室内比赛中，运动员回击的挑高球触及屋顶（顶棚）后落在对方的场区，应该怎么判？主裁判如何宣报？

解析：在室内比赛中，屋顶视为固定物，球在落地前触及固定物，击球的运动员失分。主裁判宣报“出界（OUT）”。

4. 网球场底线后和边线外的距离应该是多少？对场地灯光有什么要求？

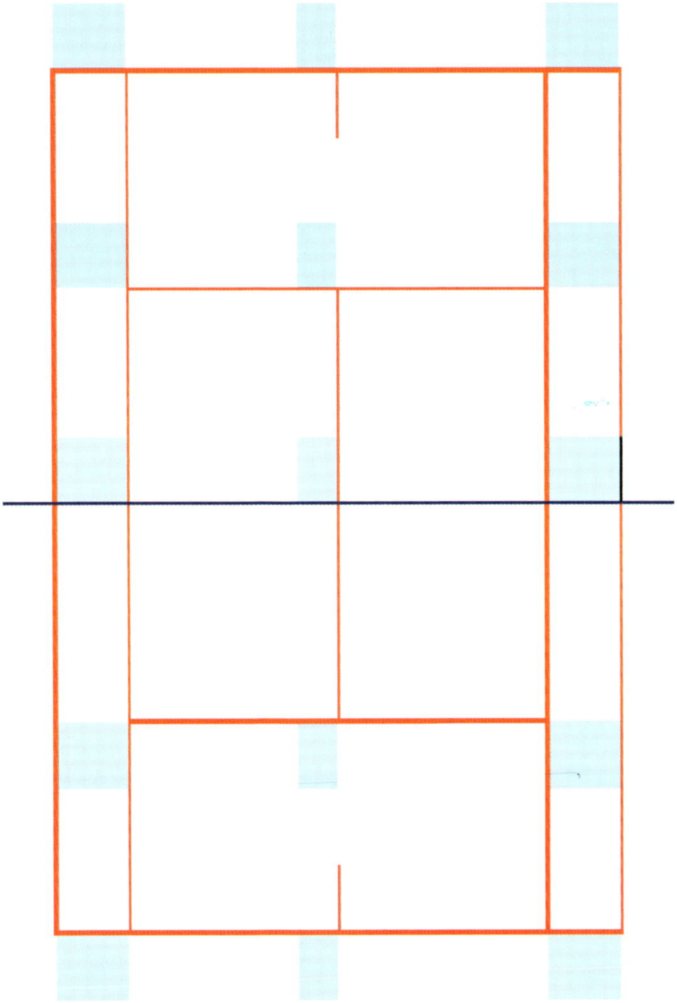

图2-1 网球场灯光测量点

解析：表2-1是世界各职业赛事对场地条件的要求。国际网球联合会建议的俱乐部比赛的场地条件是：底线后距离不少于18英尺（5.48米）和边线外不少于10英尺（3.05米）。图2-1是检查场地灯光需要测量的15个点。

表2-1　职业赛事场地要求

<table>
<tr><td rowspan="2">场地条件</td><td rowspan="2">ITF</td><td rowspan="2">ATP中心球场</td><td rowspan="2">ATP外场</td><td rowspan="2">ATP挑战赛</td><td rowspan="2">WTA</td><td rowspan="2">大满贯赛事</td><td>戴维斯杯世界组</td><td>戴维斯杯地区一组</td><td>戴维斯杯地区二、三、四组</td></tr>
<tr><td>联合会杯世界组、世界2组</td><td colspan="2">联合会杯地区组</td></tr>
<tr><td>底线后距离</td><td>21英尺
6.40米</td><td>27英尺
8.23米</td><td>21英尺
6.40米</td><td>21英尺
6.40米</td><td>21英尺
6.40米</td><td>21英尺
6.40米</td><td>27英尺
8.23米</td><td colspan="2">21英尺6.40米</td></tr>
<tr><td>边线外距离</td><td>12英尺
3.66米</td><td>15英尺
4.57米</td><td>12英尺
3.66米</td><td>12英尺
3.66米</td><td>12英尺
3.66米</td><td>12英尺
3.66米</td><td>15英尺
4.57米</td><td colspan="2">12英尺3.66米</td></tr>
<tr><td>顶篷高度</td><td>30英尺
9.14米</td><td>40英尺
12.19米</td><td>30英尺
9.14米</td><td>40英尺
12.19米</td><td>40英尺
12.19米</td><td>30英尺
9.14米</td><td>12米</td><td colspan="2">9米/9.14米</td></tr>
<tr><td>灯光</td><td>500
LUX</td><td colspan="2">世界巡回赛
1076LUX</td><td>750
LUX</td><td>1076
LUX</td><td></td><td colspan="2">1200 LUX</td><td>500 LUX</td></tr>
</table>

注：ITF 为国际网球联合会；ATP为国际职业网球联合会（男子的英文缩写）；WTA为国际女子网球联合会的英文缩写；LUX 为灯光强度单位；CU 为主裁判的英文缩写。

5. 场单打比赛中（运动员X对阵运动员Y），回合期间运动员X的击球擦网后落下来击中了位于球网底部的支撑管，运动员Y无法回击此球。这个球何时成为死球（不在活球期）？

解析：活球期间球触及球网支撑管视为触地，而人触及支撑管视为触网，因此在球击中支撑管并再次落地时成为死球。

6. 在单打比赛过程中，如果运动员在活球期间触及了单打支柱和双打网柱之间的那部分球网，该运动员是否失分？

解析：该运动员不失分。如图中所示，单打网柱外面的球网包括双打网柱都属于固定物，运动员在活球期间触及固定物并不失分。

7. 在单打比赛过程中，如果运动员的回球触及了单打支柱和双打网柱之间的那部分球网，该运动员是否失分？

解析：该运动员失分。这部分球网被视为固定物，因此，球在落地之前触及固定物，击球的选手失分。

8. 运动员向场内方向的击球，因为打在主裁判椅上未能进入场区，如何裁判？

解析：根据规则，裁判椅属于固定物，球在落地前击中固定物视为出界。

第二节 球和球拍

9. 在五盘三胜的比赛中，比分是7–5，6–4，6–7，4–4，换球应该是7/9局后，如果假设前面换球都没错的话，下次换球应该在什么时候？

解析：其实这类题目考得都是一个知识点，在平局决胜局之前不换球，顺延两局到该运动员的下一个发球局换球。

10. 一场比赛因雨暂停，在恢复比赛后需要让运动员重新热身，这时候应该给运动员什么样的球进行热身呢？

解析：如果比赛球是旧球，应该给与比赛球相近似的球练习，如果比赛球是新球（包括仅打了两局的球），则给运动员新球进行练习。

11. 在更换完新球之后，下一局比赛的比分为15–0时，你发现所更换的新球时机比预定的换球局提前了一局。你应当怎么做？

解析：继续打完这一局，然后把球收回来，重新开新球给应该发新球的运动员。

注意，除非是球不符合比赛要求或丢失，一局比赛未结束不能换球。

12. 一局比赛的第一分，第一发球被呼报出界后又更正为好球，这时忽降大雨，运动员不得不离开场地。在比赛被延误了2个小时之后，你意识到在这局比赛开始前应当更换新球。

- 运动员重新热身时使用什么球？
- 恢复比赛时使用什么球？下次换球应当在什么时候？

解析：这一局的第一分无论是因为改判还是下雨延误都会重赛，所以在恢复比赛后这一局要重新开始，还是按照原来的换球局数进行换球，运动员重新热身时也使用新球（以上题目的解答归纳在表2–2、表2–3）。

表2–2　比赛球

颜色	白色或黄色
用球数量	根据不同比赛的要求，可能用2个、3个、4个或者6个
非正常情况换球	如果比赛球丢失或者损坏（包括湿），应该尽可能早地更换，通常在运动员交换场地时进行。如果是用3、4个球比赛，只剩2个球或者用6个球比赛只剩3个球时，可以暂停比赛，等换完球以后再恢复
	新球：如果在热身活动期间或者第三局比赛开始之前，用新球替换丢失或者损坏的球（两局之内换新球）
	近似的球：如果在第三局第一分开始之后，用与比赛球相近似的球替换
规定的换球	在规定的局数之后：7/9，9/11，11/13（例如，7/9= 第一次换球在7局以后，以后的换球都是9局以后）
	决胜盘换球：例如三盘两胜，盘数1–1时，不考虑该谁发球
忘记换球	在轮及应该使用新球发球的选手/队伍下次发球时更换，包括“仅决胜盘”换球，随后换球应按照最初规定的间隔进行（例如，比赛采用7/9换球，首盘4–3时忘记换球，但随后在5–4时更换了新球，那么第二次换球则应当在实际换球的9局之后进行，即在18局之后）

续表2-2

提前换球	如果提前更换了新球并在一局比赛开始之前发现，那么应当换回之前的比赛球进行比赛，然后在正确的时机更换新球；如果在一局比赛期间发现，将继续使用这组新球完成该局比赛；如果应当使用新球发球的选手/队伍提前获得了新球，则继续使用这组球进行比赛，直至达到最初规定的换球局数之后再更换下一组新球；如果错误地由对手使用了新球，那么在该局比赛结束后将换上另外一组新球，使得正确的选手/队伍也能使用新球发球
平局决胜局	–如果轮到在平局决胜局前换球，则推迟到下一盘的第一局之后进行 –在平盘决胜局前不换球 –在换球时，平局决胜局按照1局计算
重新热身	应当使用与比赛球相似的球进行重新热身，恢复比赛时应当换回比赛球 如果当恢复比赛时需使用新球，那么应当使用新球进行重新热身，然后更换另外一组新球进行比赛

表2-3　赛事规定——换球

赛事	用球数	换球
ATP世界巡回赛	6个	7 / 9
ATP挑战系列赛	4个	7 / 9
WTA巡回赛	6个	7 / 9
戴维斯杯（世界组、地区I组、II组）	6个	7 / 9
戴维斯杯（地区III组、IV组）	4个	9 / 11
联合会杯（世界组、世界II组）	6个	7 / 9
联合会杯（地区I组、II组、III组）	4个	9 / 11
大满贯	6个	7 / 9
职业巡回赛的资格赛	4个	决胜盘
职业巡回赛的正赛	4个	11 / 13
青少年赛	3 个	决胜盘

13. 在一场比赛中实时比分为2–6，7–6，2–0，换球方案为9/11，此时有一个球落在场外的水洼里，假设你需要即刻替换上一个球，你会使用一个新球还是旧球？

解析：题目的知识点在于平局决胜局前不换球，往后顺延两局（包括平局决胜局）；两局之内换新球。

14. 一场单打比赛，用4个球、9/11局换球，最终比分是6–2，6–7，7–6，如果换球没有出现错误，这场比赛总共用了多少球？

解析：两次遇到抢七局不换球，所以仅换了两次球，一共用了12个球。

15. 一分结束后，运动员A发现球破了，向主裁判申诉刚才那分应该重赛，作为主裁判如果确认该球正是刚才那一分使用的球，应如何处理？如果刚才是第二发球，运动员可以有几次发球机会？

解析：重赛这一分，运动员可以有两次发球机会。

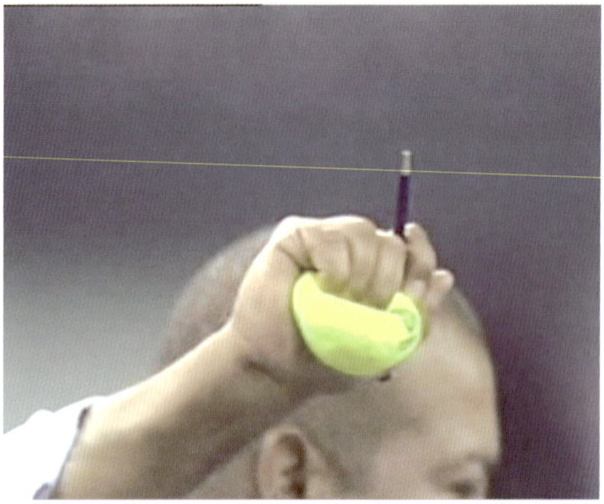

16. 在回合中，运动员A将球接住并要求此分重赛，声称球软了不适合比赛。

解析：每一个赛事的用球都是经过国际网联检测并批准的，同时作为临场裁判员也要仔细检查球是否符合比赛要求。如果发现球气压不足，应该在死球时更换，但是比分还是有效，因此判A失分并更换球。

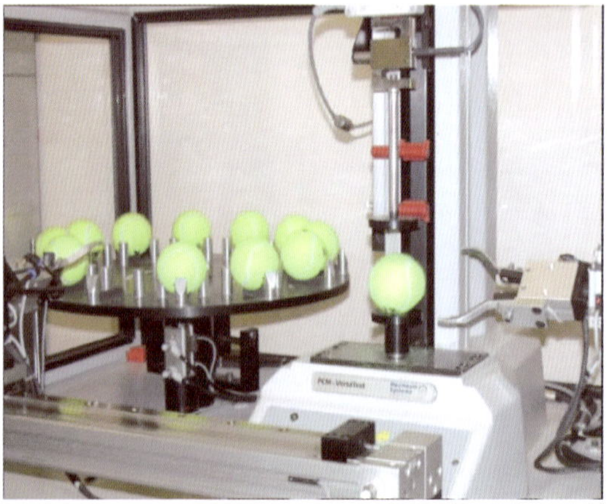

17. 刚刚换完新球，在第一分第一发球失误以后，发球方声称球软、气压不足，在检查了所有球以后发现气压都不足，作为主裁判该怎么办？

解析：重新换一套符合比赛要求的球，并且因为整个换球过程影响了发球员正常的节奏，应该给发球员第一发球。

18. 一发失误后，运动员二发成功并打完了此分。该分比赛结束后你发现刚才一发时使用的球破了（无气压）。你很确定这就是刚才使用的那个球。你的决定是？

解析：如果第二发球使用的球没有问题，比分有效。

19. 在第一轮ATP的双打比赛中，比赛采用两盘平局决胜制，决胜盘采用抢10分平局决胜制，换球方案为7 / 9（6个球），场上比分为6–1，3–6。如果在平盘决胜局时某个球需要更换，应当使用什么样的球（假设整场比赛都在正确的时间换球），是新球？还是旧球（与现在比赛中使用的球磨损程度相同）？

解析：在平局决胜局前不换新球也包括抢10分的平局决胜。

20. 发球员第一发球，司线员呼报出界，同时接发球员在回击球的时候拍弦断了。如果接发球员换拍子怎么判？如果接发球员不换球拍怎么判？

解析：如果接发球员换球拍，就是干扰了发球员的正常发球节奏，给发球员一发；也允许接发球员不换球拍，那么发球员继续发第二发球。

21. 同上例，如果司线员呼报出界，主裁判更改为好球，同时接发球员拍线断了，是否可以不换拍，打完这一分？

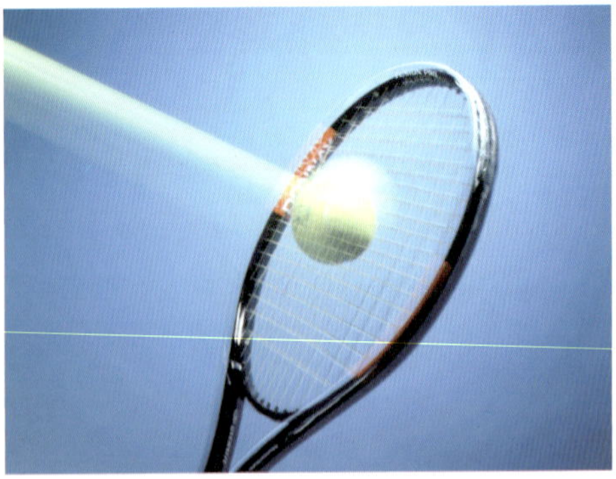

解析：不可以，主裁判改判后这一分应该重赛，职业赛事不允许运动员用断弦的球拍开始一分的比赛。

22. 第二发球在擦网后被呼报出界，然后又被主裁判更正为好球。接球员在回击发球时拍弦断了。她此时是否必须立刻更换球拍？

解析：根据案例描述的情况：擦网后被改判为好球，应该重发第二发球，所以接发球员可以换球拍，也可以选择不换。

23. 在一场三盘两胜的比赛中，当比赛进行到6–3，0–1（40–0）时下雨暂停，中断18分钟后恢复比赛，假设是9/11局换球并且换球没有出现错误，那么应该给运动员什么样的球热身？简述操作程序。

解析：重新热身的用球和丢失球的替换是一个原则，即用与比赛球近似的球替换。由于刚换过新球还没有打完两局，所以用新球给运动员重新热身，在热身结束后收回练习球，再把原来的比赛球投入比赛。

24. 在一项ITF男子巡回赛中，双打第一轮的换球方案为11/13（使用4个球）。但是，主裁判错误地在第一盘5–4时更换了新球，并在用新球打完第一分后发现了这一失误。主裁判根据以下几项应该怎样裁判？

A. 换回旧球进行比赛，并等到11局比赛过后再换球

B. 用这些新球打完1局，之后再次换上新球比赛

C. 用这些新球打完2局，之后再次换上新球比赛

D. 继续使用这些新球比赛，13局之后更换

E. 继续使用这些新球比赛，15局之后更换

解析：主裁判应选择D。换球提前了两局，错误发现时第一分已经结束，继续使用这些新球比赛，但是下一次换球相应也要提前两局。

25. 在比赛中运动员最后一把拍子的拍弦断了，他是否可以用断弦的拍子继续比赛？主裁判应该怎么裁判？

解析：职业赛事不允许运动员用断弦的拍子比赛。可以允许运动员去找拍子，但是主裁判将从比赛中断时开始计时，任何延误按照违反行为准则——延误比赛处罚。

26. 运动员球拍上的减震器脱落以后触网或者掉落在对方场地上，如何裁判？

解析：如果是在活球期间，该运动员失分。减震器被视为球拍的一部分，等同于球拍触网或者触及对方场地。

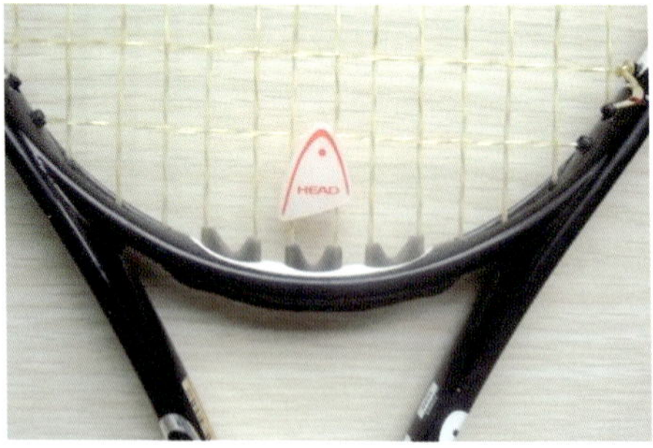

27. 运动员第一发球失误后，相邻场地的球滚进场区，主裁判应该怎样处理？

解析：如果发球员已经开始做发球动作，则视为干扰，应该给第一发球；其他情况下继续第二发球，除非主裁判认为延误时间太长，打乱了发球员的节奏。

第三节 计 分

28. 在双打比赛中采用无占先抢10分赛制，在决胜盘打到局数2–2，比分15–0时，A第一发球擦网重发，这时候主裁判才意识到决胜盘应该打抢10分，接下来应该怎么办？

解析：这种错误发生时，如果决胜盘只打了一分，立即纠正过来打抢十平局决胜；如果第二分已经开始，则继续比赛，赢得3局的选手获胜（3–0或者3–1）；如果局数2–2，则重新开始抢十平局决胜；如果第五局的第二分已经开始，则继续打完这一盘（Tie-break set）决定胜负。案例中A第一发球擦网重发，第二分重新开始，应该立即改成抢10分平局决胜，第二分换由A的对手发。

29. 第一盘比赛7–5结束后运动员回到休息椅进行盘间休息。在主裁判宣布“时间到”时候，运动员错误地交换了场地（其实他们应该回到上一盘结束时的一侧场地）。这一错误在打完一分（15–0）时才被发现。正确的决定应该选择以下哪项？

A. 立即交换场地，并重新开始这局比赛

B. 立即交换场地，比分为15–0

C. 在这局比赛结束之后交换场地

D. 不交换场地，直到3局比赛结束

解析：正确选择为B。比分有效，立即交换场地。

30. 在一场双打比赛中（A/B对阵C/D），第一盘比赛进行到平局决胜局，比分为9–9时，应当由运动员A发球，但错误地由运动员B发出了一记ace球。正确的做法应该选择以下哪项？

A. 重赛此分，比分为9–9，由A发球

B. 判C / D得分，比分为10–9

C. 比分有效，下一次轮到本队发球时由运动员A发球

D. 比分有效，下一次轮到本队发球时由运动员B发球

解析：正确选择为C。发现这个错误在单数分结束后（10–9），也就是A/B方该轮次发球已经结束，那么发球顺序应该按照改变后的顺序。

31. 在比分6–6，平局决胜局比分2–0时，主裁判意识到他应该进行长盘制的比赛。他决定继续进行平局决胜局的比赛直到本盘结束。如果平局决胜局1–0呢？

解析：错误在第二分开始之后发现，只能继续平局决胜至比赛结束。如果比分1–0，由该运动员继续这一发球局，回到长盘制的比赛直到某一方净胜两局。上图为2010年温布尔顿网球锦标赛中的一场比赛，耗时11小时5分钟，决胜盘局数70–68打了491分钟。

32. 双打比赛A/B对C/D，在平局决胜局中比分是4–3该A发球，这时B发了这一分，比分4–4大家才意识到发球错误，作为主裁判应该怎么办？如果B发了两分，怎么办？

解析：发现错误之前的比分有效，换由A发下一分。如果B发了两分，那么下次轮到A/B方发球时，由A发球，并且在该抢七局中保持变动后的发球次序。

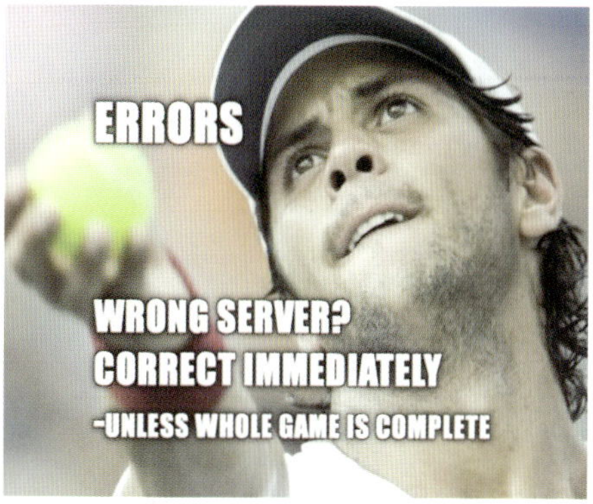

33. 双打比赛中A/B对C/D，平局决胜制比分3–2，A发球、C接发球直接得分，比分3–3，这时大家才意识到该分应由D接发球，比分是否有效？以后的接发球顺序应该怎样？

解析：发现错误之前的比分有效，在该抢七局中C/D方都要保持变动后的接发球次序。

34. 在单打比赛中，A已经得了两分30–0，这个时候主裁判才意识到这局应该由B发球，作为主裁判应该怎么办？

解析：打过的比分继续有效，换由B发球，比分0–30。

35. 在ITF男子希望赛的一场预选赛中采用信任制，裁判长被请上场解决关于比分的争议。运动员A说他发球，比分是30–15，运动员B同意是A发球但是坚持比分为15–30，你怎么处理？

解析：首先与双方一起找到有争议的那一分，然后再就那一分进行回顾和分析，如果双方依旧对该分有分歧，则重赛该分。即，比分从15–15开始、A在右区发球。

第四节　发球员和接发球员

36. 在双打比赛中，发球和接发球的顺序必须在比赛一开始时就确定，并且不能更改。你认为正确与否？

解析：规则有明确规定，在每一盘的第一局，发球方要决定谁先发球；接发球方要决定谁先接发球，这个顺序在这一盘中不允许改变。但是，在新的一盘球开始的时候，发球和接发球次序是可以改变的。

37. 运动员A的第一发球触及网柱，然后弹入正确的发球区，裁判员应如何处理？

解析：这是一次发球失误。

38. 双打比赛中第二发球擦网后触及接发球员的同伴怎么裁判？如果是发球触及发球员的同伴又该如何裁判？

解析：如果是直接打到接发球员的同伴，发球员得分；擦网后触及接发球员同伴，等同于发球擦网后进发球区，判重发球；触及发球员同伴时判为发球失误。

39. 单打比赛，运动员A应该在平局决胜局（抢七分）先发球，运动员B错误地先发了这一分，比分是否有效？下一盘第一局谁先发球？

解析：比分有效，下一盘第一局B发球。规则规定在平局决胜局应该发第一分球的运动员在下一盘第一局接发球。

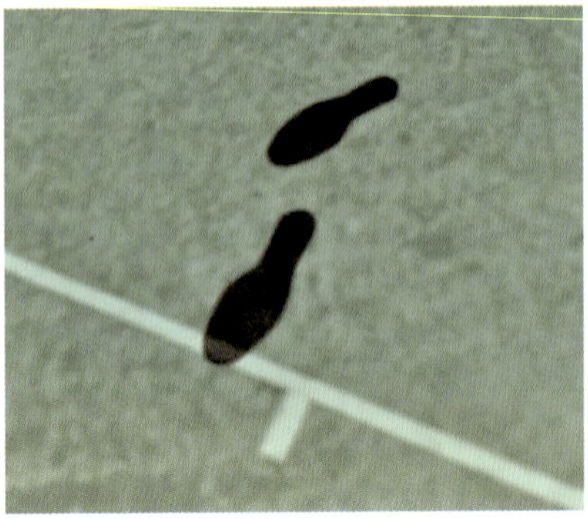

40. 运动员在开始发球动作时脚踩在线上，在击球的一刹那间脚又挪回到线的后面，这是否构成脚误？

解析：这是脚误。脚误的判定是从发球动作开始的时候算起的。

41. 运动员在右区发球，在发球动作中后面站立的脚踩在了发球中线的假定延长线上，这是否是脚误？如果是，应该由哪个司线员呼报？

解析：这是一次脚误。规则说得很清楚，在发球过程中运动员不能踩在发球中线的假定延长线上。这个脚误应该由发球员后面的中线司线员呼报，在2009年美国网球公开赛的半决赛，小威廉姆斯就被判了一个这样的脚误。

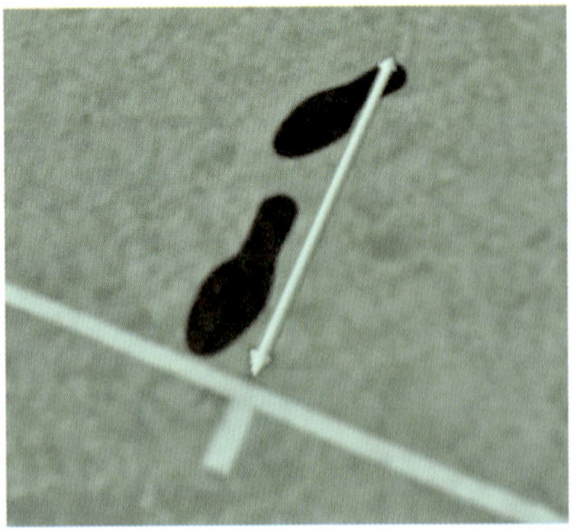

42. 接发球员A尚未准备好接发球，但抬头看到对手B二发已经发出，出于本能反应将球挡回的同时喊道“等一下”。A要求B重发二发，B说这是干扰应该给他一发，主裁判应该怎么裁判？

解析：发球员应该等接发球员准备好，做出还击姿势时（如图）再开始发球，这是发球员的责任。本案例应该评判重发二发，除非主裁判认为A是在故意拖延，可以给A警告并给B第一发球。

43. 二发擦网后司线呼报出界，主裁判改判为好球，应该给一发还是二发？

解析：应该是给二发。

44. 在双打比赛中，在决胜盘局数3–0，比分15–0（一发失误）时，你发现一方运动员交换了发球顺序（如运动员B代替运动员A发球），并且两队运动员场地站边错误。作为主裁应当怎么处理？

解析：立即交换场地，换由A 发第二发球。

45. 在ATP挑战赛中，司线员在运动员第二发球动作进行中呼报脚误（在球拍触球之前），主裁判应该怎么裁判？

解析：脚误必须在发球员的球拍击到球以后才能呼报，否则就构成干扰，该分应该重赛，发球员有两次发球机会。

46. 在无占先抢十（No AD，Ten-point Match Tie-Break）的双打比赛中，在决胜盘不可以改变发球和接发球次序，并且不允许换新球，这是否正确？

解析：在无占先抢十的双打比赛中，使用抢十分平局决胜替代决胜盘，所以可以改变发/接发球次序，但是同样不能在平局决胜之前换新球。

47. 在没有球童时双方运动员负责捡各自场地的球。在发球之前，发球员可以要求接发球员把发球区的球捡走，接发球员不可以拒绝，这是否正确？

解析：错。没有球童时，运动员各负责捡本场区的球，接发球员可以不捡，但是由此造成的后果由接发球方负责。

48. 在发球员发球过程中，一次抛起了两个球，如何处理？

解析：重发。如果主裁判认为这是故意行为，可以按照行为准则进行处罚。

第五节　失　分

49. 在一次击球过程中，运动员A的球拍非故意地触球两次，运动员B的注意力受到影响，停止击球并声称他受到干扰，作为主裁判如何裁判？

A. A得分

B. B得分

C. 重赛

D. 喊裁判长

解析：应判A得分。规则写得很清楚，故意用球拍触球超过一次才是连击，A的击球是有效还击，不构成干扰，如果B坚持请裁判长，可以由裁判长做出最后决定。

50. 运动员A的发球擦网后触及接发球员B的身体，A声称这是活球期间触球，应该判他得分，作为主裁判怎么裁判？

解析：该次发球重发，等同于发球擦网落在正确的发球区内。

51. 在回合中，运动员A的击球落在其对手——运动员B的场地上，之后由于旋转又弹回运动员A的场地。运动员B站在底线处，不可能接到这个球，也没有试图去追这个球。但是球在落地前碰到了运动员A。正确的判罚应当是以下哪项？

A. 判运动员A得分

B. 判运动员B得分

C. 重赛此分

解析：应判B得分。A击出的球落在B场地后又弹回A的场地，在此球触及A这边的场地之前依然处于活球期，因此A是在活球期间触球。

52. 在单打比赛中，运动员的第二发球触到了单打支柱，之后落在了正确的场地内。接球方未能回击此球。正确的判罚应该是什么？

解析：这是一次发球失误，由于是第二发球，该运动员失分。

53. 如果运动员击球后球拍脱手，球在对方场地两跳之后该球拍触到了球网，是否判该运动员触网失分？

解析：该运动员不失分，这是一次有效还击。因为球在两跳以后已经不处于活球期。

54. 如果运动员在第一发球时球拍从手中脱出，球在落到发球区以外的地面之后球拍触到了球网，这是一次发球失误，还是失分？

解析：应判发球失误。发球落在发球区以外时已经成为死球（不在活球期）。

55. 在双打比赛中，发球员的网前同伴在球发出后球拍触网，然后该发球落在发球区外，如何裁判？

解析：发球方失分。因为在球发出后直到裁判员判定之前处于活球期，活球期间无论是球拍还是运动员的身体触网均判为失分。

56. 在单打比赛中，运动员A的回球把单打网柱打倒之后弹入对方场区，对手没有接到球，该分应该怎么裁判？

解析：重赛。在一分的回合中球击中网柱进入对方场区，击球有效；网柱倒下是干扰。

57. 在活球期间，运动员的脚滑到球网底下，但是并没有碰到球网，这是否被认定为触网？因为球网本应该完全张开触及地面。

解析：不能判触网，因为运动员确实没有碰到球网。但是，如果运动员的脚滑过球网，将会被判活球期侵入对方场地而失分。

58. 在活球期间，运动员的脚碰到设置在球网下端用来支撑球网的金属管（图中黄点部分），如何裁判？

解析：在此例中，支撑球网的金属管被视为球网的一部分，该运动员活球期触碰金属管等同于触网，判罚该运动员失分。

59. 在单打比赛中，运动员A奔跑救网前小球后，用球拍支撑在对方场区单、双打之间的地面上，对方运动员B停止比赛，声称这是活球期间侵入场区，应该判A失分。

解析：在单打比赛中单、双打之间区域不属于比赛场地，不构成侵入场地，因此在A没有触网的前提下，这是一个有效还击。

60. 在双打比赛中，网前选手试图回击一个穿越球，球拍在脱手后击中球，对方运动员因为受到干扰没有接到球，这一分应如何裁判？

解析：根据规则，球拍脱手后触球判失分。

61. 在信任制的比赛中，运动员是否可以越过球网到对方场地去检查球印而不被处罚？

解析：在信任制比赛中，如果运动员对于对方的呼报有疑问，可以要求对方指出球点，然后过网去看球印。

第六节　干扰和更正

62. 在活球期间运动员的帽子、手帕或者球掉落在场地上，裁判员如何处理？

解析：主裁判应该立即停止比赛，如果是第一次，判这一分重赛并且告诉该运动员，下次类似情况发生将被视为故意干扰而失分；如果在活球期帽子或手帕等物品掉落在对方场地或者触网，判该运动员失分。

63. 运动员A发球，运动员B在接发球的时候把帽子碰落在场地上同时把球击下网，B申诉说碰到帽子影响到他击球，要求重赛。根据以下选项如何处理？

A. 主裁判怎么判？

B. 在下一局活球期间B的帽子又掉下来，怎么判？

C. 在下一盘活球期间B口袋里的球掉落在场地上，怎么判？

解析：

A. 比分有效，运动员不可能自己影响自己，然后要求重赛，除非是影响到对手。

B. 这是第一次干扰到对手，重赛并警告运动员B。

C. 这是类似的情况第二次影响到比赛，视为故意干扰，运动员B失分。

64. 在一分的回合中，运动员A突然停止击球，告诉主裁判站在角落的球童拍球影响到他比赛。主裁判和对方运动员都没有看到该情况，主裁判转头巡视球童，看见所有球都在球童手中拿着。作为主裁判，应该怎么办？

解析： 因为主裁判没有看到情况的发生，他（她）应该询问该球童刚才是否拍球了，如果是拍球了，该分重赛；如果未拍球，则判运动员A失分。

65. 当一名运动员发第二发球时，一名观众喊道“脚误”，发球方停止击球。裁判员怎么处理？

解析：第二发球，并且告知观众不要影响运动员比赛，情节恶劣可以联系裁判长和保安进行处理。如果控制场面用了较长时间、严重干扰了比赛的节奏，可以重赛这一分，给运动员第一发球。

66. 在一分的回合中，主裁判看到对面站立的球童在活球期间向前迈了一步又退回去，双方运动员似乎都没有注意到这个情况，而在继续比赛。作为主裁判，应该怎么办？

解析：球童在活球期间走动是对比赛的干扰，即使双方运动员当时没有看到，主裁判也应该停止比赛，该分重赛。

67. 在WTA巡回赛的双打比赛中，在回合期间由于运动员A的帽子掉了而被呼报重赛。在之后的比赛中运动员A的队友B的减震器在回合期间掉落在场地上。根据以下两种情况如何裁判？

A. 减震器落在运动员A和B的场地内

B. 在回合中减震器从球网下面滚入了对面的发球区内

解析：减震器被视为球拍的一部分，情况与帽子掉落不一样。减震器掉在本方场地上比赛继续进行，如果在活球期间滚入对方场地则失分。

68. 一名运动员发球时球拍从手中掉落后砸在地面上，在接发球员把球回击过来以后他要求主裁判暂停比赛，因为球拍掉在地上使他无法继续比赛。作为主裁判应该如何判罚？

解析：运动员的球拍掉落跟帽子、球掉落在场上情况不一样，这种情况不作为干扰处理，比赛继续。

69. 在活球期间，运动员A以为他击出的球是个制胜分，大声地喊：Come on（Vamos、Yes 等），这时候对手正在努力救球，主裁判应如何处理？

解析：如果主裁判认为A的喊叫声干扰到了对手击球，这个喊叫是有意识地发出的，所以判A干扰对手——失分。

70. 单打比赛中，在运动员A发球后主裁判听到一个声音，但不确定是什么声音，紧接着B回球过网，在几个回合后运动员B击球出界，他向主裁判投诉发球线司线员刚才呼报“fault”了，该司线员也示意确实呼报了，作为主裁判怎么办？

解析：如果B在听到声音时就停下来，在主裁判认为发球是好球的情况下，该分重赛，因为这是干扰。如果B听到声音并没有停下来，那么将视为没有对他造成干扰，该分有效。此类案例的一个基本点，就是不能让运动员获得两次机会去赢取该分。

71. 运动员的第一发球打在单打支柱上弹进发球区，同时单打支柱也倒了，主裁判应如何处理？

解析：发球打在单打支柱上是一次发球失误，单打支柱倒了应该给发球员一发的机会，除非主裁判认为把单打支柱恢复的动作非常快，没有影响到发球员第二发球的节奏。

72. 在比赛中运动员A第一发球失误，同时拍线断了，A回到座椅很快地换了一把拍子回来，作为主裁判如何裁判？

解析：应判运动员A继续发第二发球。

73. 在比赛中运动员A第一发球失误，同时接发球员B拍线断了，B回到座椅很快地换了一把拍子回来，作为主裁判如何处理？如果B不换拍子怎么裁判？

解析：如果B换拍子就必须给A第一发球，因为干扰了发球方正常节奏；如果B不换拍子A继续发第二发球。原则是在职业比赛中，不允许运动员用断线的拍子开始一分的比赛，但可以用它结束一分的比赛。

74. 在比赛中，一方运动员击出的球在飞近网前球童时，被球童伸手在空中接住，如果球童不接的话，该球很有可能落在界外，作为主裁判怎么裁判？

解析：告诉球童一定要等球落地再抓球。如果球很明显地向场外飞，判击球运动员失分；如果球有任何可能落在界内，或者球是向场内方向飞来，应判该分重赛。

75. 运动员第一发球下网，球童跑出去捡球，主裁判看见运动员正准备发球，宣报“wait please”，运动员停止动作后向主裁判申诉应该给他第一发球，因为他的发球节奏受到了干扰，主裁判应该怎么裁判？

解析：主裁判应判第二发球，因为运动员应该给球童足够的时间去捡球。

76. 运动员A第一发球下网，球停留在网前，A没有捡球（没有球童）继续发第二发球，在回合当中比赛球擦网后击中该球，A虽然打到了比赛球但是回球下网。A申诉该球应该重赛，因为比赛球没落地直接击中了场地上其他的球，作为主裁判怎么裁判？

解析：应判A失分。因为A自己选择将球留在场上，如果他回球失误或者击错球都判为失分。

77. 在一场信任制的比赛中，作为巡场裁判被请上场处理一个场外来球干扰的问题。运动员A告诉你当他准备击球时，看到一个球从场外滚进来，他击完球后马上停下来，并且喊“干扰”，同时他的击球出界。运动员B说因为是A击球以后才喊干扰，而且A的回球出界所以他应该得分。A说因为球是在他击球前进来的应该重赛。巡场裁判怎么决定？

解析：干扰是否造成对比赛的影响取决于发生的时间，而不是呼报的时间。根据描述，场外球是在A准备击球时滚进场区，所以这一分应该重赛。

78. 在青少年赛事中经常采用没有临场裁判的信任制比赛，如果作为裁判长或者巡场裁判看到选手在一个制胜分的呼报上出现错误（把界内球呼报出界），他是否有权利改判该球并把分给对手？

解析：不可以。在信任制比赛中，裁判长和巡场裁判不能像场上主裁判改判司线员的明显错误那样去改判选手的呼报。然而，如果裁判长或巡场裁判认定这是一次非常明显的错误呼报，那么这次呼报被视为对对手的干扰，判该分重赛。如果下次再出现这种情况，判罚故意干扰，该选手失分，并可对其进行违反行为准则的处罚。

79. 在硬地进行的ITF女子巡回赛中，一场比赛只有两名司线员负责呼报两条边线，是否允许由运动员对底线进行呼报？以下几项哪项正确？

A. 允许，并且运动员的呼报主裁判无法更改

B. 允许，但主裁判可以改判错误的呼报

C. 不允许

解析：不允许。如果只有一名主裁判时，由主裁判负责所有线的呼报。一些青少年选手在刚开始打职业比赛时会有这种习惯，主裁判应该在赛前会议提醒运动员不要对线进行呼报，否则将按照干扰处理。

80. 运动员在活球期间停止比赛，声称他听到了司线员的呼报。主裁判暂停比赛询问司线员，该司线员承认他呼报了“out”，但是没有做出界手势，作为主裁判怎么办？

解析：如果主裁判确定那个球是界内，应重赛这一分；如果主裁判并不确定，在前面活球期是因为没有听到司线员的呼报才会认为这是个好球，那么鉴于司线员确实呼报出界了，就应该跟从司线员的判断。

81. 在信任制的双打比赛中，一名运动员呼报out，但是其他3人都没有听见，应如何处理？

解析：呼报出界的那对选手必须都停止比赛，并且在球回到对方场地之前或者在对方击球之前，提醒对方已经做出了出界的呼报。否则，该分继续比赛。

82. 一场信任制的比赛，在单数局的局点时运动员A认为对方的击球出界，所以没有回击，也没有做出呼报，回到椅子休息并相信自己赢了这一局。根据规则，谁赢这一分？

解析：对手赢得这一分。根据规则，所有的呼报必须立刻做出并且能让对手听见，运动员A一旦回到椅子坐下，实际上就已经失去了呼报出界的权利。

第七节　事实问题和规则问题

83. 有关事实问题和规则问题的判罚，谁的决定是最终决定？请举例说明。

解析：对事实问题的判罚，主裁判的决定是最终决定，如球的界内、界外问题、干扰发生的时机问题等；对规则问题的判罚，裁判长的决定是最终决定，例如发球触及单打支柱，是否发球失误等。

84. 在戴维斯杯和联合会杯的比赛中，谁是场上事实问题的最终仲裁者？

解析：关于事实问题的最终裁决，如果主裁判是来自第三方的裁判员，那么他/她的裁决是最终裁定；如果主裁判来自于主办国，那么场上裁判长的裁定才是最终裁定。

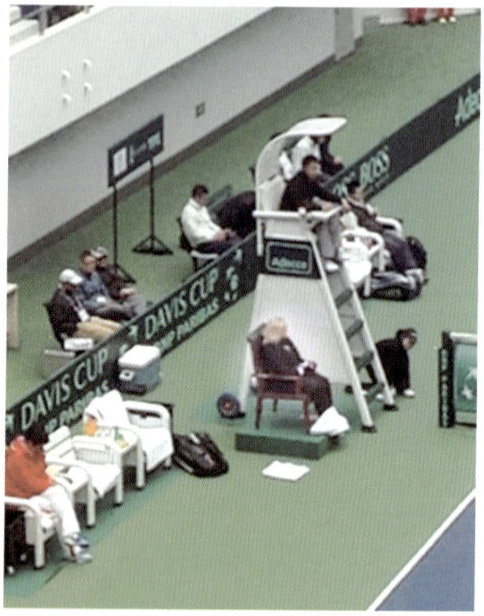

85. 男子双打比赛，球落在远边线附近。运动员跑去救球，但发球线司线员从椅子上离开（为了不被运动员打到）并妨碍了运动员。当运动员被干扰，在合理地呼报了“重赛”后，对方提出抗议并要求请裁判长到场。是否应请裁判长？这是一个事实问题，还是规则问题？

解析：这是一个有关干扰的规则问题，可以请裁判长到场给出最终判罚。

86. 一名运动员发球时球拍从手中掉落后砸在地面上且砸坏了拍框。接球员并未试图回击（发球是好球），声称自己被分散了注意力。主裁判呼报了重赛，并判罚发球方违反行为准则——乱摔球拍。发球员申诉并要求请裁判长处理，作为主裁判怎么办？正确的结果是什么？

解析：这是一个规则问题，主裁判应该请裁判长到场。发球员在发球过程中球拍掉落通常都对对手有利，这种情况不作为干扰处理，这是一个发球得分。同时也取消违反行为准则的判罚。

87. 在一场硬地进行的ITF男子巡回赛双打比赛中，（由于没有司线员）主裁判一人负责呼报所有的线。在一个回合中，当球落在底线附近时主裁判的视线被挡住了，运动员没有任何反应仍在继续比赛。主裁判依据以下几项应当怎么做?

A. 停止比赛，重赛此分

B. 呼报“出界”

C. 允许比赛继续进行，如果运动员在此分结束之后申诉则重赛此分

D. 允许比赛继续进行，即使运动员在此分结束之后申诉，此分依旧有效

解析：主裁判应按D项判定。如果运动员停止比赛对这一球表示疑义，那么在没有司线员的情况下主裁判视线被挡住（无法判断球的界内外），应该重赛这一分；但是如果运动员选择继续比赛，那么这一分的结果有效。

88. 在一分的活球期运动员A停止比赛，申称对手B在球落地两次以后才击球的，主裁判视线被挡住没有看见两跳，应该如何裁判。

解析：该分结果有效。擦网、穿网、两跳、触球、触网等的呼报属于主裁判的首要职责他（她）必须立即做出判断。如果主裁判没有看到以上发生情况，那么视为没有发生，比分有效。

89. 在ATP比赛中，运动员A的发球落在远边线附近，司线员做了一个好球手势，B没有去接这个发球，当他转身看到司线员做出好球手势后立即质疑该司线员，司线员随即改为出界手势，作为主裁判对这球的界内外并不确定，应该怎么裁判？

解析：维持司线员的最初判定，运动员A得分。裁判员在任何时候不能因为运动员的申诉而改判关于事实问题的判罚。

90. 运动员A的击球被呼报“出界”，主裁判更正为好球，并且认为对方B没有机会接到这一球，因此将此分判给了A。B申诉说：司线员的呼报干扰了他，否则他可以击到球，主裁判觉得他说的似乎有道理，裁判该分重赛。A要求请裁判长到场处理。

解析：这是选手对主裁判的判断进行申诉。裁判长到场把这分判给A，因为原先判断所依据的事实没有改变，裁判员不能因为运动员的申诉而改变对事实问题的判断。

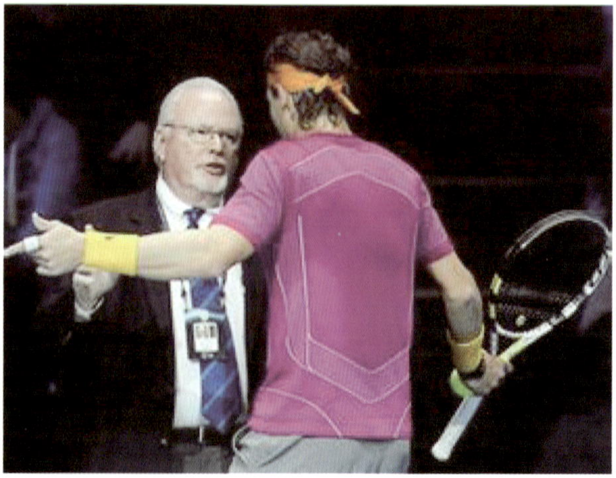

91. 运动员A发球，对方B接发球直接得分。运动员A向主裁判申诉刚才的发球擦网，主裁判说没有听见擦网声，于是A问对手B是否听见，B说刚才的发球是擦网。主裁判因为双方运动员都听见发球擦网声，所以判该分重赛。运动员B不同意，说他只是向A确认主裁判刚才犯了错误，但是主裁判已经做出的判罚应该有效。

解析：该分的结果有效。主裁判不能去假设B的意图，在做出决定之前必须要确认B是否同意该分重赛。

92. 在一场红土比赛中，主裁判检查球印后将原先宣报出界的球改判为好球。他将此分判给了运动员A。但是他的对手（运动员B）告诉主裁判“那并不是一记制胜分，我已经将球回过去了”，主裁想起来他确实将球回了过去。然后主裁判改判该分重赛，A不同意，说不能因为B的申诉而改判，要求请裁判长，主裁判应该怎么办？

解析：请裁判长到场，裁判长判该分重赛，因为主裁判第一次把分判给A是基于那是个制胜分（B没有机会接到球），而经运动员提醒并且主裁判也认定事实情况是B确实将球回击过去了，所以主裁判原先做出判断的依据是错误的。因此根据事实情况最终裁定该分重赛。

93. 在红土场地上，主裁判更正了一个边线球，运动员不同意要求检查球印，这时主裁判也不太确定更正是否正确，应该如何处理？

解析：主裁判应该立即去检查球印。

94. 在沙土场地上，主裁判更正了一个司线员的判罚，紧接着她下去检查球印时却发现球印并不清晰很难确认，这时候应该是以司线员的判罚为准，还是以主裁判的判罚为准？

解析：关于事实问题主裁判有着最终决定权，找不到球印或者球印无法辨认时，主裁判的更正是最终判罚。

95. 在沙土场地比赛，运动员A击出一个近线球，在司线做出好球手势后运动员B要求检查球印，主裁判不确定球印在哪里，让司线过来指认，但司线指出的球印明显不是刚才的球印，主裁判应该怎么办？

解析：在主裁判不确定球印时，可以叫司线协助，但是如果司线也不知道球印在哪里，那么原来的呼报有效。此例中司线指出的球印明显是错误的，所以不能据此球印做出判定，原来的好球判定有效。

96. 运动员的第一发球被司线员呼报出界，运动员要求挑战鹰眼。如果是好球，什么情况下重新第一发球，什么情况下判定发球得分？如果鹰眼系统出问题不能判定怎么办？

解析：如果主裁判根据实际情况判定接球方没有机会接到这一球，那么判定发球方得分；如果接发球方有任何可能接到这一球都要判重新第一发球。如果鹰眼系统出现故障，应以主裁判的呼报为最终判罚。

97. 发球方发球后，对手快速地回击出一记制胜球，这时发球方提出检查刚才发球的球印。如果发球在界内怎么处理，发球出界又怎么处理？

解析：检查球印的程序是，运动员必须停止比赛并且立即提出要求。如果发完球运动员并没有移动试图去击球，而提出检查刚才发球的球印，主裁判应该迅速离开椅子去检查发球。如果发球在界内，判发球方失分；如果发球出界，判第二发球。

98. 在一场红土场地上进行的单打比赛中，运动员A回击了一个落在底线附近的球（此来球被司线员判为好球），然后立刻停止了比赛并提出检查球印。主裁判检查球印之后判定此球为好球。接着运动员A又要求主裁判检查他/她自己的回球（该球被场地另一侧的底线司线员呼报出界）。主裁判以下几项应当怎样做?

A. 检查他/她的回球

B. 重赛此分

C. 判定（运动员A的对手）运动员B得分

解析：主裁判依据C判定B得分。这种情况下运动员A停止比赛，要求检查球印只会有两个结果：如果这球出界A得分；如果这球是好球A失分。

99. 在鹰眼场地进行的一场比赛中，一个高球落在球网附近的远边线附近。运动员看了一下球的落点，然后决定打高压球，但是他失误将球打下网，然后运动员立刻要求挑战鹰眼。主裁判按以下几项应当怎么做?

A. 允许挑战，因为打完高压球他没有移动

B. 允许挑战，但提醒运动员只允许反射性地回球，然后需要立刻停下来

C. 不允许挑战，因为这明显不是一个反射性的回球，运动员在打高压球之前显然有足够的时间停下来

解析：主裁判依据C项判定。运动员选择去打这个高压球就等于放弃了挑战这个落地球的权利。

100. 在一场使用鹰眼回放的比赛中，一个远边线球被判为好球。运动员有些犹豫，之后走近他的教练员，教练员正好坐在那条线的后面。经过与教练员交谈之后，转过身告诉主裁判他想挑战这个判罚，这时候主裁判已经宣报了比分。我们应当怎么做？

A. 不允许其挑战，告诉运动员现在挑战为时已晚

B. 允许其挑战，但是判罚违反行为准则——运动员接受指导

C. 允许此次挑战，但提醒运动员他必须立即提出挑战要求，并且他不应该同自己的教练商议

解析：主裁判按A项裁定。挑战鹰眼的程序和要求检查球印的程序一样，必须停止比赛立即、明确地向主裁判提出。

101. 在一场ITF的比赛中，在中心场地使用电子回放系统。一个第一发球被远边司线员判为好球，接球员回球下网。接球方站在自己的接球位置没有移动，向主裁判提出对远边的呼报进行电子回放。主裁判应当怎样做？

A. 拒绝进行电子回放

B. 进行电子回放，如果显示发球出界，则给予第一发球

C. 进行电子回放，如果显示发球出界，则给予第二发球

D. 询问远边司线员其是否确定这一呼报

解析：主裁判应按C项裁定。这个程序是正确的，接发球员在回击发球后没有移动并且马上提出申请。

102. 在一场红土场地进行的比赛中，运动员的一发被判为好球，接球方回击出一记制胜分。发球员站在自己的发球位置没有移动，指向球网对面的球点并告诉主裁判自己的发球出界了。主裁判走下裁判椅去检查球印，但在主裁判到达前接球员擦掉了这个球印。正确的判罚按以下应该是哪项？

A. 第一发球

B. 第二发球

C. 发球方得分

D. 接球方得分

解析：主裁判应按B项裁定。接发球员在主裁判检查之前擦掉球印等于认同发球方的质疑第一发球出界，发球员继续第二发球。

103. 在双打比赛中，运动员B接发球过网，同时他的同伴A喊：wait（等一下），然后过去看发球的落点。主裁判停止比赛去查球点。AB的对手向赛事监督申诉，说B已经回击了发球，没有停止比赛，不应该允许查球印。

解析：查球印的程序是正确的，在比赛被A干扰以后主裁判停止了比赛，如果发球出界，发球方进行第二发球；如果是好球，AB失分。

104. 在鹰眼场地比赛，发球落在中线附近，非常接近，A接发球后有些犹豫是否要挑战，随后他的同伴网前截击下网。A向主裁判要求挑战鹰眼，因为她在本能地接完发球后没有移动。

解析：该分结果有效。双打比赛挑战鹰眼的程序和检查球印的程序一样：要么两名运动员都停止比赛，要么运动员明确提出要求后主裁判停止比赛。

第八节 伤病治疗和极端天气条件

105. 在ITF巡回赛中，比分30-15时运动员告诉主裁判她需要叫医生/理疗师，作为主裁判并没有看到任何伤病事故发生，应怎么办？

解析：只有在严重的伤病情况下才可以停止比赛，立即请医生。首先，主裁判告诉运动员会马上联系医生/理疗师，并在下一个换边休息时为她诊断。如果她坚持不能继续比赛，那么主裁判暂停比赛，请医生/理疗师到场诊断，由他/她决定是否进行伤病治疗。

106. 运动员称大腿肌肉疼痛需要请理疗师，理疗师到场地诊断后认为疼痛是由疲劳引起的，不可能通过场上治疗得到改善，作为主裁判应该怎么做？

解析：诊断结束后，给运动员合理时间整理装备然后报“Time”,任何延误将会按照罚分程序进行处罚。根据具体情况，如果主裁判认为运动员有欺骗行为，可以按不良体育道德行为进行处罚。

107. 比赛中理疗师给运动员诊断有时间限制吗？什么时候开始伤病治疗计时？

解析：比赛中诊断时间通常不超过3分钟。职业理疗师会在诊断结束、准备治疗时告诉裁判长和主裁判，通常在理疗师接触运动员时开始计时。在一些低级别的赛事中，需要明确告诉理疗师，在准备治疗前一定要告诉主裁判。

108. 在ITF女子巡回赛中，理疗师来到场地上开始对受伤运动员进行诊断。主裁判按以下几项如何向观众宣报？

A. “理疗师正在诊断”

B. “——女士现在接受医疗暂停”

C. 不宣报

解析：主裁判按C项，不宣报。诊断结束，医生开始治疗时才宣布“——女士现在接受医疗暂停”。

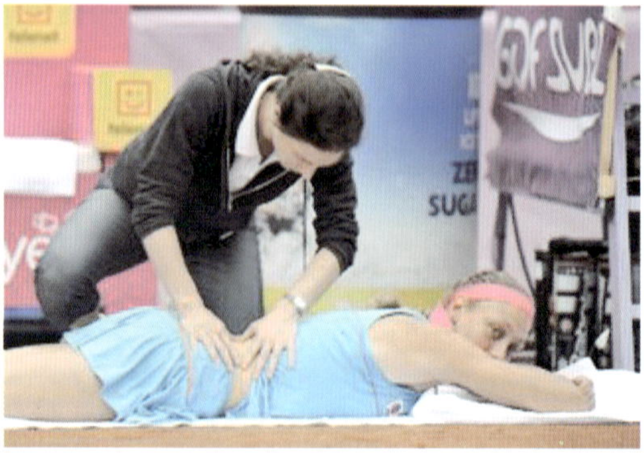

109. 在一场ATP比赛中，如果运动员有糖尿病，按以下几项是否允许其接受注射？

A. 允许注射，可以在场地内进行

B. 允许注射，必须在场下进行

C. 不允许

解析： 应按B项，注射必须在场下进行。在需要注射的伤病情况中，只有糖尿病是允许的。

110. 在ITF男子10000美元奖金的赛事中，理疗师在医疗暂停期间为运动员包扎脚踝。当医疗暂停还剩一分钟时，赛事监督认为理疗师明显在规定时间内无法完成包扎。在必要时赛事监督能否延长治疗时间？

解析： 必要时赛事监督可以延长治疗时间。在奖金25000美元以及更低奖金的比赛中，赛事理疗师可能不一定很专业，赛事监督/裁判长可以酌情延长治疗时间。

111. 你是一位ITF女子巡回赛的赛事监督。运动员需要理疗师，你与理疗师一同进场。理疗师告诉你有必要在场下进行治疗，你同意了，然后应当怎么做？

解析： 告诉主裁判你将和理疗师及运动员一同去场下，会通过对讲机告诉主裁判什么时候开始治疗，主裁判也通过对讲机报告裁判长时间。如果没有对讲机，告诉主裁判你将对医疗暂停进行计时。

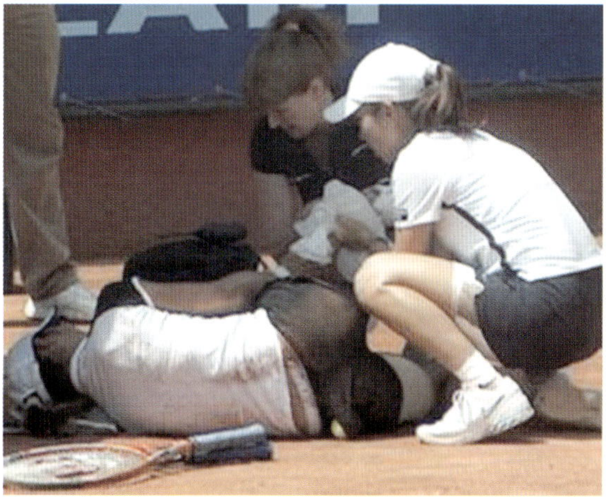

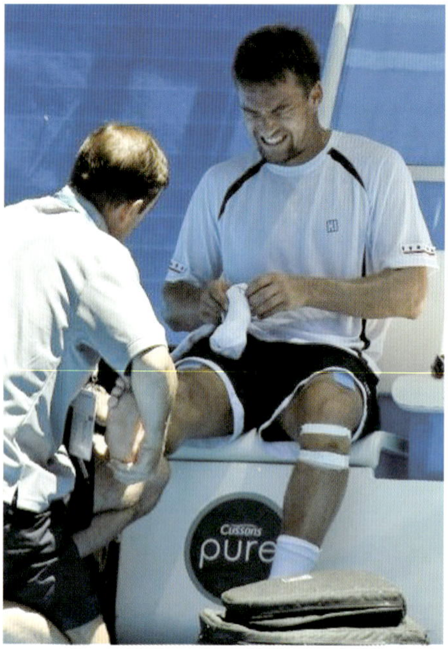

112. 在第一盘A领先5-4；30-0时，运动员B告诉主裁判他的脚磨出水泡了，需要在换边休息时请医生，主裁判联系裁判长后继续比赛，A赢了这一局。按以下几项主裁判如何处理？

A. 当运动员B请医生时，主裁判在对讲机里如何向裁判长报告？

B. 30秒后医生告诉你诊断结束开始治疗，主裁判怎么宣报？

C. 伤病治疗的3分钟从什么时候开始计时？

D. 治疗都结束后，主裁判应该怎么宣报？

（1）向观众宣报：治疗结束

（2）向观众宣报：治疗结束，时间到

（3）告诉运动员、医生和裁判长：治疗结束

（4）告诉运动员、医生和裁判长：治疗结束，时间到

E. 治疗结束后，过了30秒B鞋子还没穿好，主裁判怎么处理？

（1）违反时间准则，警告

（2）违反行为准则，警告

（3）等待

解析：

在A项中主裁判应向裁判长报告：“某号场地运动员B脚底磨泡，在下一个换边需要大夫”。通常需要告诉裁判长、医生时间、地点、原因三个要素。“时间”为需要马上治疗，还是在几局以后；“地点”为几号场地；“原因”为运动员具体伤病情况。

在B项中主裁判应宣报：“女士们、先生们，张女士正在接受伤病治疗（Ladies and Gentlemen， Ms. Zhang is now receiving a medical time-out）”。不需要说几分钟治疗，因为根据情况时间会不同。

在C项中计时因为是在盘间休息期间，所以扣除诊断的30秒，一分钟后再开始3分钟治疗时间。

在D项中按（3）款处理。因为治疗是在脚上，所以只是告诉医生、裁判长治疗结束，在运动员穿好鞋子以后再向所有人宣报：时间到。

在E项中按（3）款处理。治疗结束后，应该允许运动员有合理的时间整理装备。

113. 一分结束后，运动员A告诉主裁判他的腿疼需要请医生。主裁判从症状和常识可以判断出是运动员的腿在抽筋，这时比分是决胜盘3-2，B发球30-0，主裁判应该怎么办？

解析：虽然症状看起来是抽筋，但是诊断和决定必须由医生做出，所以应该马上请医生到场诊断。如果医生诊断为抽筋，运动员应该继续比赛或者马上放弃分、局，一直到单数局交换场地时接受治疗；如果延误时间将受到违反行为准则的警告。

114. 如果你是法网女子比赛的主裁判，场上比分为决胜盘6-6。运动员因为小腿抽筋摔倒在场地上，她已经先后被判罚违反行为准则——警告和罚分（可闻污言秽语和乱摔球拍），你应该怎么做？

解析：这类题目首先考的是主裁判的反应。看到运动员在场上摔倒，主裁判应该立即从椅子上下来，查看运动员的状况，是否需要帮助。医生到场地诊断后，如果是抽筋让运动员继续比赛，任何延误将被判定为违反行为准则——延误比赛，罚一局（已经有过警告和罚分）比分到6-7，在单数局交换场地可以有1分钟治疗时间；运动员也可以选择直接放弃这一局到6-7接受治疗。

115. 在大满贯男子比赛中，理疗师被叫进场内。经理疗师诊断认为应该在场下对运动员进行治疗。理疗师和运动员在裁判长/赛事监督的陪同下离开了场地。按以下几项，应该在何时开始医疗暂停的3分钟计时?

A. 当理疗师诊断结束之后

B. 当运动员离场后

C. 当治疗开始时（在必要时由裁判长/赛事监督对医疗暂停进行计时）

解析：应该按C项执行。离开场地进行伤病治疗时，裁判长会通过对讲机告诉主裁判何时开始治疗计时，如果没有对讲机则由裁判长负责计时。

116. 由于发球方抽筋而被判罚违反行为准则（延误比赛）罚一分（之前已接受两次换边期间治疗），现在场上比分为5–5，0–15。运动员在20秒内仍旧无法比赛并被判违反行为准则，罚一局。在判罚下一个违反行为准则之前，运动员按以下几项可以有多长时间？

A. 20秒

B. 30秒

C. 60秒

D. 90秒

解析：应选择D项运动员有90秒时间。罚一局后比分为5–6，是单数局换边间歇。60秒时主裁判宣报“时间到（Time）”，如果30秒后运动员还没有比赛，又将被判延误比赛。

117. 在ATP挑战赛中，运动员在15–15时接受了一个3分钟伤病治疗，在主裁判宣报时间到（Time）以后，运动员必须在多长时间内进入比赛免受处罚？

解析：30秒。伤病治疗结束，主裁判宣报时间到（Time）以后，运动员必须在30秒以内投入比赛，否则就是违反行为准则，延误比赛。

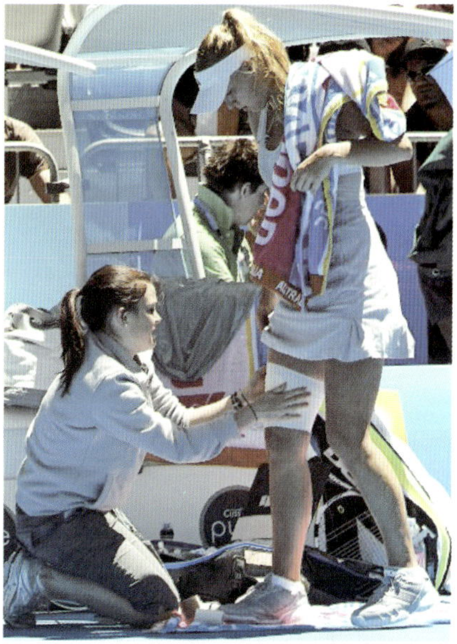

118. 运动员拉伤了大腿肌肉，接受伤病治疗后进行了包扎，在下一个换边休息时她需要理疗师帮助重新包扎绷带，根据规则可以允许有多长时间？

解析：只允许在交换场地的时间（90秒）或者盘间休息（120秒）内，超过这个时间将按照罚分程序进行处罚。

119. 在比赛中运动员要求主裁判暂停比赛，因为包扎膝关节的弹力绷带掉了，需要重新包扎。主裁判是否允许？

解析：必须继续比赛，绷带不属于“装备失调”。主裁判可以请理疗师在下一个换边休息时为运动员进行调整，但是超过90秒将会被按照罚分程序处罚；如果运动员在换边休息时自己进行调整，超过90秒未进入比赛将被判定违反时间准则。

120. 在比赛中，运动员因为伤病原因放弃了单打比赛，他/她是否还可以参加双打比赛？

解析：运动员在放弃单打比赛前要接受医生/理疗师的检查，在双打比赛开始之前还要再接受一次检查。如果医生/理疗师认为该运动员的身体条件得到改善，竞技能力达到了职业网球水平，那么该运动员可以参加双打比赛；如果该运动员的身体条件没有得到改善，他/她将不允许参加双打比赛。

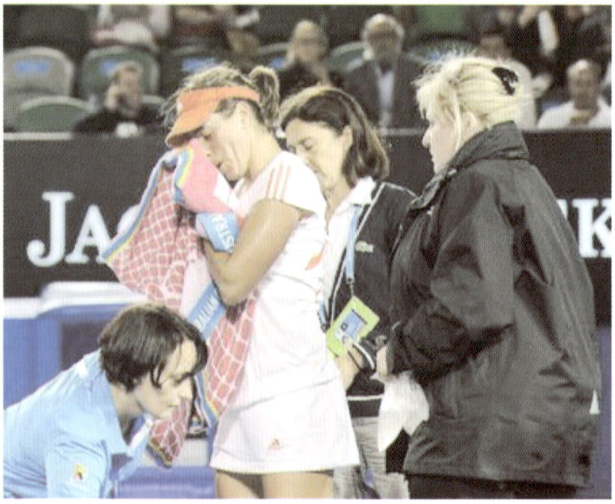

121. 运动员扭伤了手腕并且接受了一次3分钟伤病治疗，在5分钟之后他又要求伤病治疗，称自己的手腕再次扭伤，主裁判应该怎么处理?

解析：主裁判应该请理疗师到场诊断，如果理疗师认为他的手腕再次受伤或者伤情加重，可以给运动员3分钟伤病治疗。

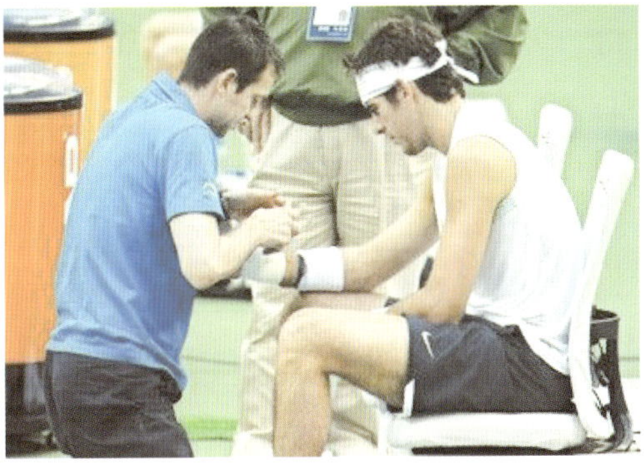

122. 在双数局结束后，运动员要求主裁判请理疗师在下一个换边的时候到场。下一局结束又过了90秒治疗师依然没有到场。运动员要求主裁判延迟换边休息时间，直到能够接受伤病治疗，因为治疗师没有及时到达不是运动员的错误。主裁判如何处理?

解析：主裁判应该暂停比赛直到治疗师到场对运动员进行诊断，并决定是否允许伤病治疗。

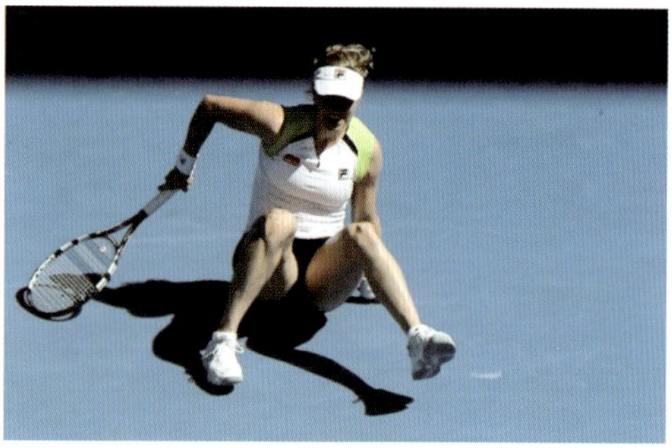

123. 运动员摔倒并扭伤了脚踝，如果主裁判认为继续比赛将不能保证职业网球赛的水准。他是否可以暂停比赛（请理疗师到场）？

解析：为了保证职业网球赛事水平，同时也出于对运动员的健康考虑，主裁判可以停止比赛。

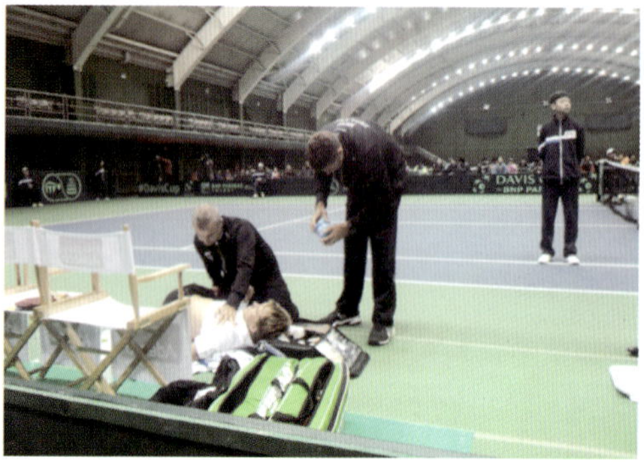

124. 在戴维斯杯的比赛中，是否允许本队的队医对运动员进行伤病治疗？

解析：在团体比赛中，如果大会医生进行诊断后认为运动员符合接受伤病治疗条件，可以由本队医生对运动员进行治疗。

第九节 上洗手间和换衣服暂停

125. 在第五盘比赛6–6时，运动员第一次提出上洗手间。

解析：根据规则规定上洗手间应该在盘间休息时，但现在已经是决胜盘，在紧急的情况下尽量让运动员在自己的发球局之前去。

126. 在戴维斯杯五盘三胜的比赛中，甲方有一名运动员在热身期间去了一次厕所，在第三盘打完（2–1）时乙方两名选手一起去了趟洗手间，那么根据规则规定，双方运动员一共还可以去几次洗手间？

解析：首先，要清楚五盘三胜的比赛可以去几次洗手间；其次，要知道挑完边、准备活动期间去厕所也算作次数之内；最后，双打的同伴去不去都算作这对选手的一次机会。

127. 在大满贯的赛事中，女子运动员换衣服应该在盘间休息时候去，请问对与错?

解析：错误。规则规定去卫生间应该（should）在盘间休息时候，而女运动员换衣服必须（must）在盘间休息。

128. 一场男子三盘两胜的比赛因雨延期到第二天继续进行，如果运动员A已经在前一天比赛的热身活动期间去了洗手间，那么第二天的比赛中他还有规定的去洗手间机会吗?

解析：没有了。规则规定在男子三盘两胜的比赛中（包括准备活动期间），运动员只有一次可以使用额外时间上厕所的机会。除非是前一天做完准备活动后就下雨，比赛的第一分并没有开始。

129. 在ITF女子巡回赛中，一名运动员在热身活动中去了洗手间，根据规定在这场比赛中她还可以去几次洗手间?

解析：一次。运动员在热身期间去洗手间也计作比赛中的次数，ITF女子比赛规则规定有两次去洗手间/换衣服暂停。

130. 在国际网联男子巡回赛中，一名运动员在盘间休息时去洗手间（在第一盘结束时提出），如果他在一分钟后就回到场上，这是否算作一次上厕所间歇（toilet break）?

解析：算作一次。当运动员被允许离开场地去洗手间，就算作该名运动员或该对运动员的一次上厕所间歇，不考虑时间的长短。

131. 在一场ITF女子巡回赛中，在第一盘结束后一名运动员的短裙上的拉链坏了。她请求离开场地去休息室换另外一条裙子。按以下几项，正确的判罚应当是什么?

A. 拒绝运动员离开场地，并宣报“开始比赛”

B. 允许运动员离开场地，使用更换服装间歇

C. 允许运动员离开场地并给予合理的时间

D. 建议运动员使用上洗手间间歇

解析：按C项处理。这种情况属于装备失调，允许运动员离开场地更换。

132. 在五盘三胜的戴维斯杯双打比赛中（A/B对阵C/D），运动员A在热身期间去了洗手间。在第三盘比赛结束后运动员C和D一起去洗手间。在这场比赛中，各队最多还能有几次去洗手间的间歇？

解析：在所有的职业赛事的双打比赛中，每对选手有两次去洗手间的机会，无论是三盘两胜还是五盘三胜。只要有一人去洗手间就算作该队的一次上洗手间的间歇，因此A/B和C/D都还有一次规则规定的上洗手间的间歇。

133. 在ATP巡回赛中（三盘两胜），一名运动员已经去过一次洗手间，在2-2对方发球的时候该名运动员告诉主裁判，在下一个换边他自己发球局之前还要去一次洗手间。主裁判是否允许？

解析：主裁判可以允许他去，但是必须告诉他如果超过了规定的时间将会被按照违反行为准则（延误比赛）处罚。

134. 在一场ITF男子巡回赛中，第一盘比分6-5时运动员告诉主裁判“我需要上洗手间”。以下回答中主裁判最合适的第一反应应该是哪项？

A. “是不是很紧急？”

B. “你可以在盘间的时候去”

C. “可以，你去吧”

解析：主裁判最合适的选项为B。作为主裁判首先要让比赛遵循规则的规定，其次才是在紧急情况下的灵活变通。本例如果选C，违反了规则规定；如果主裁判问运动员“是不是很急”，我相信绝大多数选手都会回答“是”。

135. 在规则允许的上洗手间暂停后或者在接受3分钟伤病治疗之后，主裁判什么时候宣报“时间到（Time）”？

解析：运动员回到场地后，给他/她合理的时间拿起拍子，然后宣报“时间到（Time）”。在伤病治疗结束后，要给运动员合理的时间去整理服装，尤其是脚部治疗后，让运动员穿上鞋、袜，然后再宣报“时间到”。

第十节　连续比赛和暂停或延期

136. 在一场ATP挑战赛中（三盘两胜），运动员B的单打比赛进行了2个小时，然后比赛因雨中断了3个小时。当返回场地时，运动员B仅用10分钟便赢得了最后的两局比赛。请问他在当天的双打比赛开始前，可以有多长的休息时间？

解析：根据ATP规则规定，当比赛因雨中断半小时以上时，比赛时间从恢复比赛的时刻算起；因雨中断少于半小时，比赛时间从第一分球开始算。因此，他至少可以休息半小时。

137. 在一场ATP巡回赛中，一名运动员的单打比赛进行了2个小时。本场比赛于上午11时30分结束。该运动员当天的双打比赛最早的叫场时间是何时？

解析：规则规定比赛时间在1小时以内可以有30分钟休息时间；1～1小时30分钟允许休息1个小时；比赛时间超过1小时30分钟，下一场比赛应该在1小时30分钟以后叫场。

138. 在没有灯光的场地比赛，天色逐渐变暗，已经逐渐不具备比赛的条件，主裁判是否可以决定中断比赛？如果可以，按以下几项，应当在何时中断？

A. 在一盘的单数局结束后，或在一盘比赛结束后

B. 在一盘的双数局结束后，或在一盘比赛结束后

C. 当一方运动员提出天太黑时

D. 当两方运动员都认为天太黑时

解析：当光线条件逐渐不适合比赛时，主裁判应该及时汇报裁判长，是否中断比赛和何时中断比赛由裁判长决定，通常是在一盘的双数局结束后，或在一盘比赛结束后。

139. 在ITF巡回赛的一场单打比赛中，11/13局换球（第一次11局换球，以后每隔13局换球），进行到第二盘6–2，2–2时因为下雨暂停了23分钟。按以下几项主裁判如何处理？

A. 当比赛停止时，主裁判如何向观众宣报

B. 宣报之后紧接着应该做什么

C. 在比赛暂停的这段时间内，运动员是否可以接受指导

D. 比赛恢复后，运动员可以有多长时间热身

E. 用什么球进行热身

解析：

A. 主裁判向观众宣报：Ladies and Gentlemen play is suspended（女士们、先生们，比赛暂停）通常不需要说因为下雨比赛暂停（due to rain），毕竟下雨是显而易见的。

B. 第一时间收回比赛球，记下比赛停止时间，并重新开表记录比赛暂停时间。如果雨比较大，安排运动员回休息室等待；如果是小雨，并且场上有遮雨装置，请运动员在场上休息等待。

C. 宣报完比赛暂停，运动员就可以接受指导；如果没有宣报，运动员在场上短暂休息等待，则不能接受指导。

D. 暂停0～15分钟没有热身；15～30分钟有3分钟时间热身；30分钟以上有5分钟时间热身。

E. 规则规定使用与比赛相近似的球。从比分来看，换的新球刚刚打完一局，根据两局之内换新球的原则，应该给运动员新球进行热身。热身结束后收回练习球，给运动员原来的比赛球继续进行比赛。

140. 挑边结束后，运动员B获胜并选择发球，在热身活动中天开始下雨，比赛被延迟一小时后重新开始，作为主裁判应该怎么做？

解析：挑边获胜的结果有效，由于自然条件变化，双方都可以改变选择。主裁判应该先问获胜方是否改变，然后再询问另一方。

141. 在赛前会议中，运动员A获得挑边权并要求对手（运动员B）做出选择。运动员B选择了发球，运动员A选择了左侧的场地。在热身期间天下雨了，热身暂停。当运动员再次回到场地上时，主裁判按以下几项应当先询问哪位运动员是否需要改变选择？

A. 运动员A

B. 运动员B

C. 主裁判不必询问任何人——按照原来的选择继续

解析：主裁判应先询问运动员A。要求对方选择，也是挑边获胜后的一种选

择，挑边获胜方A可以重新进行选择。

142. 在一场室外硬地进行的ITF男子巡回赛中，天开始下小雨。主裁判检查场地后发现场地的线非常湿滑。但是看起来雨就要停了，场地有可能在几分钟之内便能恢复比赛。主裁判此时按以下几项应怎么做？

A. 宣报“比赛推迟”并允许运动员离场

B. 宣报“比赛推迟”但不允许运动员离场

C. 暂停比赛并让运动员在场上等候

解析：主裁判应按C项处理。如果暂停时间不会太长的话，应该尽量让运动员待在场地上等待，除非是裁判长安排运动员离开场地。同样，推迟比赛也不是主裁判的决定。

143. 运动员在一次跑动救球中把鞋底磨破了，他的另外一双鞋子在更衣室。去更衣室来回大约需要5分钟，主裁判是否允许运动员离开场地去更换？

解析：主裁判可以允许。运动员的鞋子破了，属于装备失调，可以暂停比赛并允许运动员有合理的时间去处理。

144. 运动员向主裁判提出离开场地更换鞋子，因为鞋底不适合这种场地面层，主裁判是否允许？

解析：主裁判不允许。鞋子不适合比赛场地并不属于装备失调，除非是鞋子湿透可能会引起伤害事故（例如：汗渍导致地面湿滑）。但是，主裁判应该尽一切可能帮助运动员把鞋子取来，这样运动员在换边休息的时候可以更换。

145. 局数5-4交换场地时运动员告诉主裁判他的鞋子和袜子不太舒服，新鞋子已经准备好了，但是换边时间不够，他是否可以有额外的时间在场地上更换？

解析：可以。但是每场比赛只允许一次，除非是属于装备失调的情况。

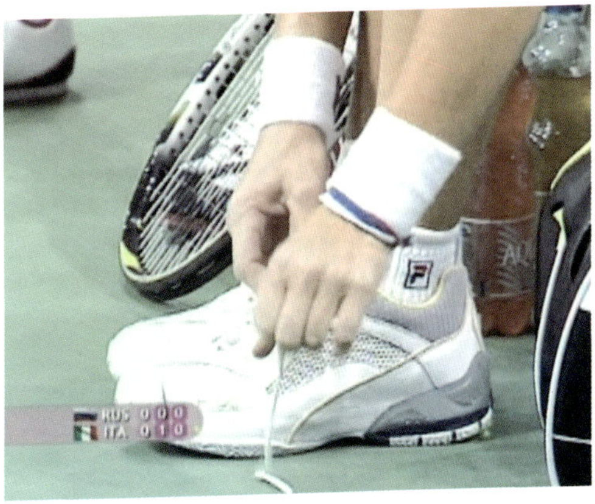

146. 在一场比赛中，接球方通常在12～14秒内做好接球准备，在平局决胜局时他用14～18秒时间准备接球，发球方申诉其准备时间过长。

解析：分与分之间的20秒（ATP25秒）是针对发球方，也就是说发球方有20秒的时间，而接发球方应该跟随发球方合理的发球节奏去准备接发球。如果主裁判认为接发球方在平局决胜局时没有跟随发球方合理的节奏，可以给接发球方违反时间准则的警告。

147. 运动员在比赛的前半段并未出现超时的问题，在第一盘平局决胜局时，运动员在分与分之间擦汗并且用了30秒时间才发球。主裁判应怎么处理？

解析：主裁判按违反时间准则，第一次警告，第二次判发球失误。分和分之间有规则规定的时间，不考虑比赛的进程。

148. 因为下雨导致比赛被中断，如果继续等待使用室外场地很有可能不能按时完成赛事，在室内场地符合职业比赛要求的前提下，赛事监督是否可以把比赛移到室内进行？

解析：可以。赛事监督的职责包括“为了避免运动员在一天内打两场单打的可能性或者为了按时完成赛事的需要，可以进行调场（包括室内和室外），不用考虑地面类型”。除非是赛事主管向赛事监督说明，把比赛移到室内对赛事的成功会有不利的影响，赛事监督可以选择继续使用室外场地比赛。

149. 在分和分之间发球方准备的时间超过了25秒（ATP），该运动员在受到违反时间准则的警告后向主裁判申诉，刚才观众的走动干扰了他的节奏，应该给他额外的时间准备。警告是否有效?

解析：警告有效。连续比赛的规则应该被执行而不考虑观众的移动，除非主裁判认为观众的行为是故意针对该运动员，或者这些观众是在很容易影响到运动员的、比较低的座位席。

150. 在澳大利亚网球公开赛中，一名运动员因为等球童帮他递毛巾而超过了20秒，在被主裁判警告后他申诉说是球童导致了这次延误。警告是否有效?

解析：警告有效。在分和分之间使用毛巾，有没有球童帮助都不能作为延误的合理理由。

151. 在一名运动员违反时间准则被警告后，来到主裁判椅前询问原因，主裁判给了简短解释后宣报：开始比赛（Let's play）。该选手继续争执，在20秒后依然没有比赛，主裁判判罚他违反行为准则（延误比赛）。该选手认为这是违反时间准则，不是行为准则，要求请裁判长。

解析：主裁判暂停比赛请裁判长，裁判长到场维持主裁判的判罚。通常情况下，违反时间准则的处罚不是连续的。

152. 运动员要求主裁判对判罚做出解释，主裁判给出回答后他又要求对另一问题做出解释。主裁判可以回答运动员的几次提问而不违反连续比赛的原则？

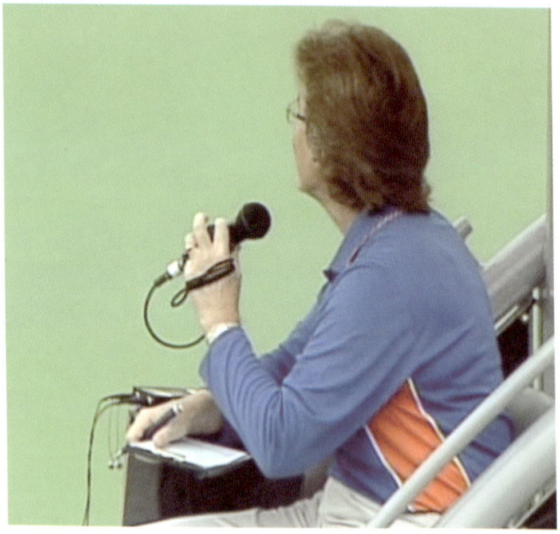

解析：通常情况下两个回答足够。在两个简短解释后，主裁判宣报“开始比赛（Let's play）”，20秒（ATP 25秒）以后运动员还没有进入比赛将被判违反行为准则——延误比赛。

注意：与运动员沟通时要关掉麦克风。

153. 在比赛中，运动员要求离开场地去更衣室戴隐形眼镜，是否允许？

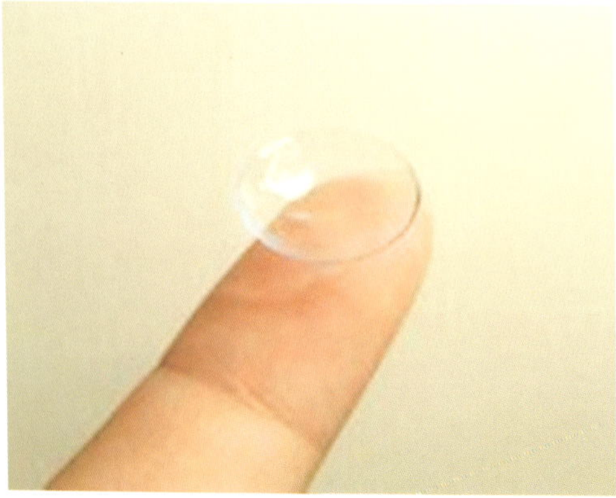

解析：拒绝运动员离开场地的要求，除非该运动员在比赛开始的时候就戴了隐形眼镜，并且隐形眼镜在比赛中损坏或者掉落（装备失调）。

注意：虽然不允许运动员离开场地，但是主裁判应该尽一切可能去把隐形眼镜取来，运动员可以在换边的时候戴上。

154. 在几个不利于运动员A的近线球判罚之后，该运动员在交换场地时对主裁判说：“我拒绝继续比赛，除非你把这组司线员换掉。”一分钟时主裁判宣报：“时间到（Time）。”运动员A依然坐在椅子上说：“你不换司线员我拒绝比赛。”作为主裁判应该怎么办?

解析：主裁判督促运动员继续比赛，20秒（ATP 25秒）后使用罚分程序。

注意：首先要和运动员进行沟通，在简短的解释之后宣布“继续比赛（Let's play）”，并开表计时20秒（25秒）。

155. 单数局交换场地休息的时候运动员开始缠握柄手胶，在主裁判宣报“时间到”以后他站起来，一边走向底线一边继续缠手胶，90秒结束后依然没有进入比赛。主裁判如何处理?

解析：主裁判宣报违反时间准则。球拍不属于装备失调规则范畴内，运动员只能使用规定的间歇时间（此条例同样适用于调整拍弦和减震器等）。

第十一节　服装和装备

156. 在ITF男子巡回赛的一场比赛中，运动员帽子上的图案由意大利国旗的颜色组成，并且在帽子前面有大约25平方厘米的意大利国名（ITALY），这是否允许？

解析：男子比赛帽子上的制造商商标尺寸应该是不大于4平方英寸，在几年以前大满贯赛事不允许带字的商标，现在已经允许了。除了团体赛以外，其他赛事中运动员的服装上不允许出现国家的名字。

157. 在ITF男子巡回赛中，一名运动员的短裤上有一个2平方英寸的生产商标识。如果他还穿着紧身裤，那么在紧身裤上可以有几个商标？

解析：在紧身短裤上可以有两个2平方英寸的制造商商标或者一个4平方英寸的制造商商标。

158. 作为一项ITF女子巡回赛的巡场裁判长，你发现一名运动员的连衣裙子上身有一个3平方英寸的生产商标识，在背后还有一个2平方英寸的生产商标识，在连衣裙的下半身没有任何商标，是否允许？

解析：不允许。选手穿着连衣裙时，我们以腰际线来区分上、下半身。根据规则规定上身可以有两个2平方英寸或者一个4平方英寸的制造商商标，选手上身已经有一个3平方英寸的商标，背后就不能再有制造商商标了。

159. 在ITF巡回赛中，运动员的鞋子和袜子上可以有几个制造商商标？每个商标的最大尺寸是多少？

解析：在ITF男子和ATP的规则中，并没有对鞋子上的制造商商标尺寸进行限定，女子比赛袜子上的商标不能超过2平方英寸（13平方厘米）。

160. 女子运动员是否可以穿两双袜子，每双袜子上都有不超过2平方英寸的商标进行比赛？

A. 可以，但必须遮住一个商标

B. 不可以

C. 可以

解析：正确选项为C。规则中只对每只袜子上的商标尺寸有规定。下面左图的商标稍大，右图的尺寸符合职业比赛要求。

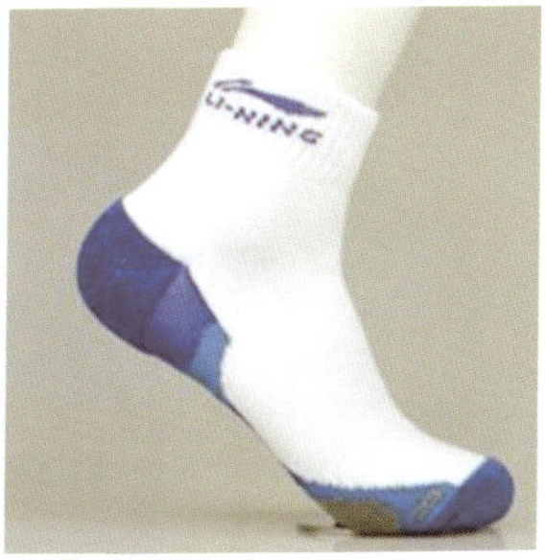

161. 戴维斯杯和联合会杯比赛中，在比赛服上的国家队赞助商商标最大尺寸是多少？训练服（热身活动中）上的赞助商商标最大尺寸是多少？

解析：在比赛服的袖子上可以有一个不大于4平方英寸的国家队赞助商标识，在训练服上，除此之外还可以在热身服装（夹克）的前面/后面或者领子上有一个不超过4平方英寸的国家队赞助商商标。

162. 在联合会杯比赛中，运动员的衣服上是否可以有WTA标识？

解析：可以。

163. 在WTA赛事中一名运动员穿着无袖连衣裙。在这种情况下两个通常被允许出现在袖子上的生产商标识和赞助商标识是否可以被放置在连衣裙的前面？是否可以放置在连衣裙的背面或领子上？

解析：如果选手穿着无袖的比赛服装，那么原来袖子上的两个赞助商标识可以并只能放在衣服前面的上部。

164. 在WTA赛事和ITF巡回赛中，运动员可以佩戴几个 WTA巡回赛标识？尺寸是多少？

解析：运动员总共可以佩戴两个WTA标识，一个在袖子上不超过4平方英寸，一个在帽子上不超过2平方英寸；如果比赛服装没有袖子，4平方英寸的标识可以佩戴在上衣的前上部。

165. 在ITF巡回赛中，运动员的球包上是否可以有赞助商标识？是否可以有ATP和WTA的标识？

解析：在球包上可以有两个赞助商标识（男子6平方英寸、女子4平方英寸），女子比赛可以有WTA标识，ATP标识不可以出现在ITF男子比赛中。

166. 是否允许运动员戴着印有ATP的帽子打ITF巡回赛？

解析：所有ATP的帽子不允许出现在ITF巡回赛和大满贯赛事中。

167. 以下A、B图中这些服装，可以在ITF巡回赛上穿吗？

解析：A图中的运动服可以，在身体侧面的制造商商标没有文字且不超过12平方英寸；B图中的运动服不可以，除非是戴维斯杯和联合会杯比赛，国家名称不可以出现在服装上。

A

B

168. 以下A、B、C、D图中的上衣，哪种可以在ITF巡回赛的热身活动中穿？

解析：B图中的上衣可以，通常热身活动服装的要求与比赛服装的要求一

A

B

C

D

致。A图和C图中的上衣不是网球服装，并且字和商标都太大。D图中的上衣在袖子上的阿迪达斯三道杠的标志太大，现在的网球职业赛事中已经不允许出现了。

169. 以下A、B、C、D图中的衣服，是否可以在国际网球职业赛事中穿？

解析：A图中的服装不可以，阿迪达斯的三条杠太大；B 图中的服装可以；C 图中的服装不可以，这不是网球比赛服，并且裤子上的耐克标志太大；D 图中的服装不可以，这是T恤衫，衣服上的字太大。

A

B

C

D

170. 运动员比赛时穿了一件无袖上衣，他/她能否在自己的上臂上使用一个临时的纹身作为商业赞助标识吗？如果这一标识完全符合规定的尺寸限制，应如何处理？

解析：不可以，规则上有明确规定商标的具体位置。

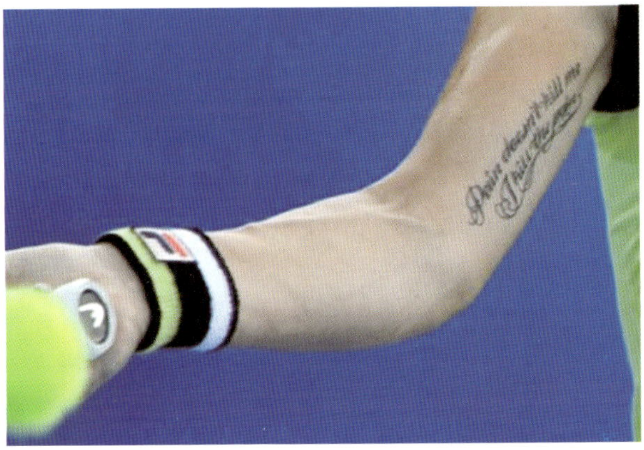

171. 两位运动员想要配对参加ATP男子双打比赛，他们是否可以穿着以下的服装作为搭档比赛？

解析：可以。根据2016年的服装规定，男子双打运动员的服装颜色可以不一致。

172. 在所有的职业赛事中，双打配对运动员是否必须穿着颜色基本一致的服装？

A. 对

B. 错

解析：选择为B。在团体赛双打比赛中，搭档的一对选手必须穿着颜色一致的服装，而在单项比赛中没有这个要求。

第十二节　运动员行为准则

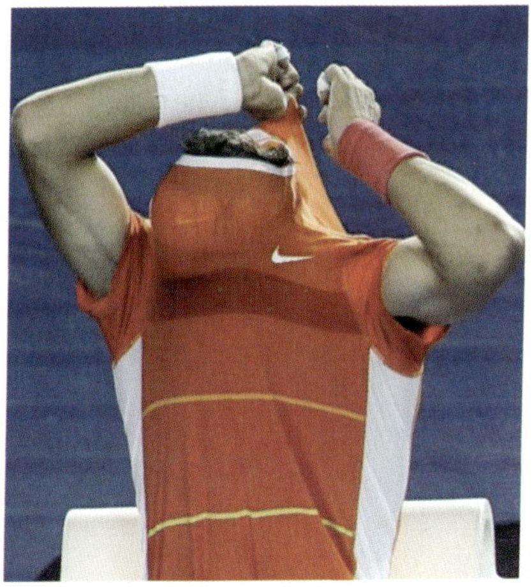

173. 如果运动员服装不符合标准，可以有多少时间更换服装？

解析：职业比赛的运动员服装必须符合赛事规定，如果服装不合格必须在15分钟之内更换，否则将被取消比赛资格。当然裁判长也可以根据具体情况进行处理。

174. 在一场ATP巡回赛中，一名运动员第一次因乱摔球拍被警告。随后其针对一个界内外球的问题进行了激烈的争论后，主裁判宣报“开始比赛（Let's play）”。25秒之后运动员并没有准备开始比赛，主裁判将采取什么行动？

解析：判罚该运动员违反行为准则——延误比赛，罚一分。通常在一个有争议的判罚之后要向运动员进行简短的解释，然后适时地宣报“继续比赛”（Let's play）。如果25秒（ITF和WTA 20秒）之后运动员没有进入比赛，将被视为延误比赛。

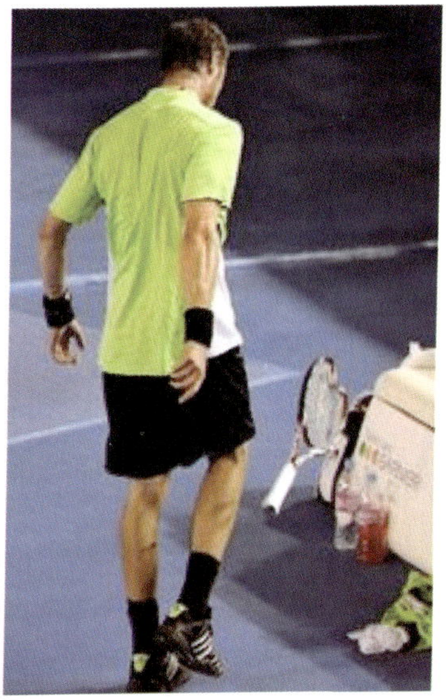

175. 运动员在球网处与主裁判一个界内外球的判罚进行了一番激烈的争论后，他转身低着头走开，你听到他小声说“fucking stupid decision”。你怎么做?

A. 判罚违反行为准则（Aob可闻的污言秽语）

B. 不理睬

C. 在换边时提醒他

D. 请裁判长进场取消其比赛资格

解析：这是一个污言秽语，但是因为声音小并没有造成很坏的影响，在这种情况下主裁判应该根据实际情况灵活掌握，有时候可以让比赛尽快恢复，以后适时地和运动员进行沟通。

176. 在一场WTA比赛的医疗暂停期间，受伤运动员的对手从她的包中拿出了一本书开始阅读，主裁判按以下几项应当怎么做?

A. 判违反行为准则——违反体育道德行为

B. 询问运动员书上的内容，如果包含指导其如何打比赛的内容，判违反行为准则——指导

C. 询问运动员书上的内容，如果包含指导其如何打比赛的内容，告诉运动员她不允许阅读

D. 不理睬

解析：如果这本书是运动员自己带上场地的，那么主裁判可以不理会；如果是场外人员在休息时递给她的，则不允许。

177. 在换边休息的时候，运动员拿出手机开始查阅电话和短信是否允许？如果是听耳机放松是否可以？

解析：在职业赛事和ITF青少年赛事中，明确规定不允许在比赛中使用电子设备。

178. 运动员已经两次被判罚违反行为准则（因乱摔球拍被警告，因指导被罚分）。之后的比赛中，他又因乱打球而被罚一局。在他再次把球打向场外时，主裁判是否可以取消其比赛资格？

解析：取消比赛资格的决定由裁判长做出，如果该运动员把球打出场外并伴有其他恶劣行为，可以报告裁判长，由他/她决定；如果只是单纯地把球打出去，那么这是一个违反行为准则的行为——罚一局。

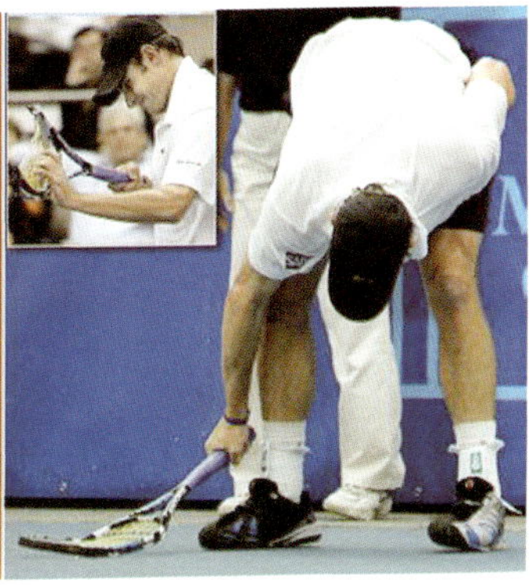

179. 当主裁判更正了一个司线员的判罚后，运动员A非常生气，过来与主裁判争执后，大声地说道："你是一个白痴！"作为主裁判怎么办？

解析： 这是一个骂人、违反行为准则的行为，但还没有严重到因为这个取消比赛资格，可以给他一个违反行为准则的处罚。

180. 司线员呼报"out"后，运动员非常不满意，对着该司线员的方向吐了口唾沫，作为主裁判怎么办？

解析： 这是一种非常不道德的行为，吐在司线员身上，必须请裁判长到场讨论是否直接取消其比赛资格；如果没有吐到司线员，情节不是非常恶劣的，给该运动员一个违反行为准则的处罚。

181. 一名运动员对某个近线球的呼报十分不满。他看着这名司线员并故意地用力将球拍扔向他/她。在之前并没有关于违反行为准则的判罚。主裁判按以下几项应当怎么做？

A. 不理睬

B. 在下个换边时给予提醒

C. 判罚违反行为准则，警告

D. 请赛事监督/裁判长讨论立刻取消比赛资格

解析： 主裁判按D项处理。这是一个带有目的性的、恶劣的行为，应该请裁判长到场地处理。

182. 运动员在第一盘中被判罚违反时间准则—警告。决胜盘中，这名运动员在接受完医疗暂停之后被判罚超时，但比赛中没有其他类似情况发生，这次违例按以下几项应当如何判罚?

A. 违反时间准则，警告

B. 违反时间准则，罚分

C. 违反行为准则，警告

D. 违反行为准则，罚分

解析：主裁判按C项判罚。接受伤病治疗后的超时是违反行为准则——延误比赛，运动员前面被警告是因为违反时间准则，这两个是独立的。

183. 在一个ITF巡回赛中，运动员有可能会因为一次单个的违反行为准则行为而被取消比赛资格吗?

解析：有可能。例如，非常恶劣的骂人行为造成了很坏的影响，即使是第一次也可能会被取消比赛资格。

184. 在一场ITF男子希望赛的单打比赛中，运动员由于违反行为准则被取消了比赛资格。这名运动员是否自动被取消参加双打比赛的资格?

解析：不是。取决于裁判长是取消该运动员本场比赛（Match）的资格，还是取消参加这个赛事（Tournament）的资格。

185. 在戴维斯杯/联合会杯比赛中，对于观众过分倾向的处罚应是以下哪项?

A. 警告，罚分，罚分，罚分等

B. 警告，罚分，罚一局，取消比赛资格

C. 警告，罚分，罚一局，罚一局或取消比赛资格等（由裁判长决定）

解析：应为C项。在情节特别恶劣或者产生了严重的后果时，裁判长可以因一次单个的观众过分倾向行为而取消该队比赛资格。

186. 在戴维斯杯比赛中，某队选手因为乱摔球拍而被主裁判警告，在之后的比赛中因为该队球迷故意干扰对方运动员击球，裁判长判罚该队违反行为准则——观众过分倾向，此时是否应该罚一分?

解析：团体比赛中对观众过分倾向行为的处罚是独立于其他违反行为准则之外的，所以题中的判罚应该是“违反行为准则——观众过分倾向——警告×××（Code violation,Partison crowd, Warning ×××）”。

187. 在输掉关键一分之后，运动员情绪非常激动，转身将球拍向后用力扔出，球拍在砸到地面之后弹起击中了底线司线员，按以下几项如何处理？

A. 给该运动员违反行为准则的警告

B. 因为他不是故意的，可以酌情给以口头警告

C. 请裁判长到场，处理可能的取消比赛资格处罚

D. 取消该运动员比赛资格

解析：主裁判可按A或C处理。如果运动员并不是有意向司线员方向扔出球拍，并且司线员没有受伤的话，可以给一个违反行为准则的处罚；如果他/她是有意图的或者虽然不是故意的但是却造成了司线员受伤，那么必须请裁判长到场地决定是否取消该运动员比赛资格。

188. 在输掉一局后，运动员把口袋里的球拿出来，非常生气地用力把球打过网，正好击中跑向对面网柱的球童，球童的脸被球打肿了。该运动员不是有意要打球童并且事后立即向球童和主裁判道歉，主裁判按以下几项应该怎么办？

A. 给该运动员违反行为准则的警告

B. 因为他不是故意的，并且事后道歉，可以酌情给以口头警告

C. 请裁判长到场，处理可能的取消比赛资格处罚

D. 取消该运动员比赛资格

解析：主裁判按C项处理。情况与上一题不同，但是所依据的原则是一样的。虽然运动员并不是有意要伤害某人，但是运动员必须要为他/她的不妥行为（冒失行为）承担后果。

189. 在职业赛事中，一名选手在比赛中用主裁判听不懂的语言大声喊叫，主裁判是否可以给他违反行为准则的警告?

解析：如果选手的喊叫干扰到其他场地的选手比赛，那么应该请该选手注意控制、保持安静；如果该选手继续这种行为，将受到违反行为准则（Unsportsmanlike Conduct违反体育道德行为）的处罚。必须要清楚的是，选手有权利在场上使用非英语的语言，用主裁判听不懂的语言大声喊叫不等于污言秽语（Audible Obscenity），除非有裁判能听懂并确认其违反了行为准则。

190. 运动员离开场地去上洗手间，一名司线员跟随其后。运动员走进更衣室时他/她的教练员站在里面，然后教练员开始对运动员进行指导。司线员按以下几项应当怎么做?

A. 不理睬

B. 回到场地之后向主裁判汇报这一情况

C. 告诉运动员他/她违反了规则的规定并制止他，在回到场地之后向主裁汇报这一情况

解析：司线员应按C项处理。司线员跟随运动员去更衣室的目的就是防止运动员利用上洗手间的机会接受指导，如果司线员确定运动员在接受指导，必须马上制止，并且回到场地后向主裁判汇报具体情况。

191. 在一场ATP的比赛中，一分结束后运动员对着坐在底线后面的教练员说着什么，教练员并没有任何语言上的或其他形式上的回应。主裁判没有听见运动员说的什么内容，主裁判按以下几项应当怎么办？

A. 告诉运动员他不能同教练员说话

B. 判罚违反行为准则——教练员指导

C. 判罚违反行为准则——违反体育道德行为

D. 不理睬——直到教练员做出回应

解析：主裁判应按D项办。这种情况在比赛中很常见，运动员向着教练员的方向诉说着什么或者发泄一下情绪，只要教练员没有实质性的回应，主裁判不用理会。

192. 在一场奖金为10000美元的ITF女子巡回赛的资格赛中没有主裁判，巡场裁判听到运动员用非常难听的话大声骂这个赛事，运动员距离巡场裁判站的位置大约有2个场地远。按以下几项你应当怎么做？

A. 对运动员喊“违反行为准则”

B. 前往那个场地给予该运动员违反行为准则的处罚

C. 前往那个场地取消该运动员的比赛资格

D. 前往那个场地暂停比赛并通知裁判长到场地处理

解析：巡场裁判按D项处理。辱骂赛事是比较严重的违反行为准则的行为，可能会导致取消选手比赛资格，巡场裁判要迅速暂停比赛报告裁判长，在等待裁判长的时间里更全面地了解事情经过。

193. 看台上的一个人对运动员做出一些类似指导的动作，作为主裁判不知道他是观众还是教练员，也不肯定该选手是否看到这些手势。主裁判应该怎么办？

解析：询问该运动员是否注意到以上情况，让他告诉这个人，如果继续出现这种行为，将被视为进行指导并对运动员进行违反行为准则的处罚。如果运动员说那不是他团队的人，他并不认识这个人，主裁判用对讲机报告裁判长，由裁判长来处理。

第十三节 裁判长的职责和赛事组织、编排

194. 请描述作为一名裁判长在赛事抽签之前的准备工作。

解析： 详见ITF裁判长职责和工作程序。

195. 列举五种导致被取消比赛资格的行为。

解析： 恶劣的骂人行为；打人行为；乱打球/乱扔球拍造成人员受伤；故意用球或球拍砸人；恶劣的违反体育道德行为（如故意吐痰到某人身上）。

196. 请写出标准32签位前8号种子在签表中的位置,以及抽签方案。

解析： 1、32、9、24、8、16、17、25。1号种子抽签进入1号位，2号种子进入32号位；3、4号种子两个一组抽签进入9、24号位；5、6、7、8号种子四个一组抽签进入8、16、17、25号位。

197. 如果在公布战表（32签）以后但是在比赛开始以前，裁判长发现漏掉了一个运动员的排名，该运动员本应该是比赛的2号种子，裁判长怎么办?

解析： 应该由该名选手替换原2号种子位置，原2号种子去4号种子位置，原4号种子去8号种子位置，原8号种子去该选手的位置。这样替换的方法符合抽签的原则和方案。如果涉及的运动员已经开始比赛，那么只能按照原来的签表和战表比赛。

198. 如果当天比赛因为下雨向后推迟2个小时，那么签幸运失败者的时间是否也要推后2个小时?

解析： 如果新的比赛时间是在幸运失败者签到截止以后公布的，那么不需要；如果是在截止以前，需要给一个新的签到截止时间。

199. 在青少年比赛中，裁判长在一个场地外面巡视时，看到场地内比赛的一名选手A在回击球失误后，大声的说“Shit！这样的球也能打飞，Fuck!”。主裁

判没有任何反应。裁判长怎么处理?

解析：裁判长立即进到场地里，暂停比赛并请主裁判给该运动员违反行为准则（可听见的污言秽语）的处罚。

200. 请按照以下条件制定一套比赛方案（抽签计划及赛程安排、场地使用情况）

- 单打：男子48正选签位、24预选签位，女子28正选签位、16预选签位
- 双打：男子16签位，女子16签位
- 正选男子直接接受42人、女子直接接受24人
- 2天预选、6天正选，双打决赛在倒数第二天举行，单打决赛在最后一天举行
- 比赛用4片场地；用3个球，11/13换球
- 算出比赛用球数量并写出第三天和第四天的战表

解析：首先确定正选和预选人数，并根据资格赛选手（Qualifier）的数量选择签表；轮空位先给种子，余下的均匀抽入各区。安排战表要尽量按照签表位置的上、下部分来安排，至少要按照签表的1/4区来安排比赛，以便对阵双方有大致相同的休息时间。每天安排比赛的原则是先单打，后双打。比赛用球数基本是理论上最大用球数的80%。以下表3、表4分别是64位签表和亚洲青年运动会的赛事计划（比赛方案）。

南京亚洲青年运动会网球比赛男子单打64位签表（表3）：

The 2nd Asian Youth Games
第二届亚洲青年运动会
Nanjing 2013

Dates（日期）	City, Country（城市，国家）	ITF Referee（裁判长）
17-23 Aug., 2013	Nanjing, China	Jianwei Yin

#	排名	种子	Family Name（姓）	First name（名）	Nationality（国籍）	2nd Round（第2轮）
1	314	2	**LIM**	**Yong-Kyu**	**KOR**	**LIM**
2			BYE			
3			SENYONGA	Salym	UGA	RAKOTONDRAMANGA
4	1498		RAKOTONDRAMANGA	Antso	MAD	60 60
5			REWA YI	Rodgers	ZIM	REWA YI
6			VOSKANYAN	Sergey	ARM	61 46 61
7	1239		SASONGKO	Aditya Harry	INA	SASONGKO
8	623	11	**POPLAVSKYY**	**Stanislav**	**UKR**	76(4) 62
9	687	12	**HUANG**	**Liang-Chi**	**TPE**	
10			SICORA	Michael	USA	
11			EIDO	Mohamad	LIB	
12			OYUNBAT	Baatar	MGL	
13			MONTORO-GIMENEZ	Pablo-Manuel	ESP	
14			THOMPSON	Samuel	AUS	
15			IMRE	Laszlo	HUN	
16	550	8	**NIKI**	**Takuto**	**JPN**	
17	341	3	**BETAU**	**Siarhei**	**BLR**	**BETAU**
18			BYE			
19			ZERBINI	Pedro	BRA	ZERBINI
20	1421		BRASSINGTON	Kyle Thomas	GBR	76(2) 63
21			QUINQUENEAU	Maxime	FRA	QUINQUENEAU
22			DE WIT	Johannes	NAM	61 60
23			MUNRO	Duke Joubert	RSA	**PAZICKY**
24	614	10	**PAZICKY**	**Michal**	**SVK**	63 61
25	815	15	**FATTAR**	**Anas**	**MAR**	
26			ANDERSON	Phillip	CAN	
27			CHEN	Sa	CHN	
28			JAIN	Adit	IND	
29	1802		ARTEAGA	Aldo Aaron	MEX	
30			THANGARAJAH	Kishanthan	SRI	
31	1608		OH	Dae-Soung	KOR	
32	470	6	**JEBAVY**	**Roman**	**CZE**	
33	462	5	**BURY**	**Aliaksander**	**BLR**	
34			BORSOS	Oliver Istvan	HUN	
35			ERASMUS	Jean Michel	NAM	
36			SOOD	Lakshit	IND	
37	1252		CORRIE	Edward Martin	GBR	
38			NDIMANDE	Bingani	ZIM	
39			ERDENEBAYAR	Duurenbayar	MGL	
40	863	16	**RODRIGUEZ**	**Bruno**	**MEX**	
41	755	14	**XU**	**Junchao**	**CHN**	**XU**
42			ALAYLI	Rami	LIB	60 60
43			ERRAMY	Omar	MAR	ERRAMY
44	1109		HSIEH	Cheng-Peng	TPE	63 06 97
45			STEENKAMP	Willem	RSA	RASOLOMALALA
46			RASOLOMALALA	Ando Navalona	MAD	63 60
47			BYE			**ESTRUCH**
48	394	4	**ESTRUCH**	**David**	**ESP**	
49	499	7	**WACHIRAMANOWONG**	**Kittiphong**	**THA**	
50			WANYAMA	Charles	UGA	
51			HAPUTHANTHRI	Dinuk	SRI	
52	867		ITO	Jun	JPN	
53			HO	Carl Po Wang	CAN	
54			ARNDT	Phillip	USA	
55	898		ANIKANOV	Ivan	UKR	
56	610	9	**SKOLOUDIK**	**Jiri**	**CZE**	
57	691	13	**ROUSSET**	**Elie**	**FRA**	**ROUSSET**
58	1294		KOSEC	Ivan	SVK	36 64 63
59	1201		MANEGIN	Anton	RUS	CELEBIC
60	1421		CELEBIC	Ljubomir	MNE	62 60
61			GOMES	Eric	BRA	GOMES
62			KODERISCH	Christopher	GER	61 62
63			BYE			**LIM**
64	314	2	**LIM**	**Yong-Kyu**	**KOR**	

3rd Round（第3轮） | Quarterfinals（1/4） | Semifinals（半决赛）

Finalist 1:

Final | Winner

Finalist 2:

种子 排名		#	种子选手	#	种子选手
排名日期	8 Aug	1	GABASHVILI	9	SKOLOUDIK
最高种子排名	128	2	LIM	10	PAZICKY
最低种子排名	863	3	BETAU	11	POPLAVSKYY
		4	ESTRUCH	12	HUANG
		5	BURY	13	ROUSSET
		6	JEBAVY	14	XU
		7	WACHIRAMANOWONG	15	FATTAR
		8	NIKI	16	RODRIGUEZ

抽签时间	13/08/2011 1400
最后一个接收的选手	
BYES	
选手代表	
ITF Referee's signature（裁判长签名）	
Jian wei Yin	

战表（表4）

The 2nd Asian Youth Games
第二届亚洲青年运动会

Nanjing 2013

Day, Date（战表日期）

TENNIS

战表
ORDER OF PLAY

Dates（日期）	City, Country（城市，国家）	ITF Referee（裁判长）
17-23 Aug., 2013	Nanjing, China	

	Court 1（1号场）	Court 2（2号场）	Court 3（3号场）	Court 4（4号场）
1st Match 第一场	Starting at 开始于 vs.	Starting at vs.	Starting at vs.	Starting at vs.
2nd Match 第二场	Followed by 紧跟前场 vs.	Followed by vs.	Followed by vs.	Followed by vs.
3rd Match 第三场	Followed by vs.	Followed by vs.	Followed by vs.	Followed by vs.
4th Match	Followed by vs.	Followed by vs.	Followed by vs.	Followed by vs.
5th Match	Followed by vs.	Followed by vs.	Followed by vs.	Followed by vs.
6th Match	Followed by vs.	Followed by vs.	Followed by vs.	Followed by vs.

Last match on any court may be moved（最后一场球可能会被移场）	Order of Play released（发布时间）	Signature（裁判长签名）
Singles Lucky Losers sign-in before:（幸运失败者签到） Doubles Alternates sign-in before:（双打替补签到）		

赛事日程表

日期	AUG.17	AUG.18	AUG.19	AUG.20	AUG.21	AUG.22	AUG.23	比赛场数
	SAT	SUN	MON	TUE	WED	THU	FRI	
DAY	1	2	3	4	5	6	7	
开始时间	11:00	11:00	14:00	11:00	11:00	11:00	13:00	
男子单打	18	16		8	4	2	1+Br	50
女子单打	18	16		8	4	2	1+Br	50
混合双打			20	8	4	2	1+Br	36
比赛场数	36	32	20	24	12	6	6	136
场地数	6	6	6	6	4	2	2	

第三章　练习题

一、填空题

1. 网球场地长（　　），单打场地宽（　　），双打场地宽（　　）。

2. 网球网中央的高度是（　　），发球线距球网（　　）。

3. 网球网柱高是（　　），距场地边线（　　）。

4. 底线的最大宽度是（　　），最小宽度是（　　）。

5. 单打支柱的边长或直径应当不大于（　　），网柱的边长或直径应当不超过（　　）。

6. 网球比赛中双方应在每一盘的（　　）数局结束，以及平局决胜制中双方的比分之和为（　　）时交换场地。

7. ITF比赛中分与分之间的间隔时间是（　　），除了第一局外，每盘的单数局打完有（　　）休息，每一盘结束有（　　）休息。

8. 接发球员在接第一发球时拍线断了，同时主裁判也宣报“fault”，这时接发球员迅速跑到座椅，很快地换了把拍子回来，发球员应该判第（　　）发球。

9. 在一发失误后，球童跑过去捡球，然后按正常速度跑回位置，发球员没有等待球童回位就开始抛球二发，这时主裁判看到球童距离位置还远，说：“wait please”，这时应该给发球员第（　　）发球。

10. 全运会运动员的比赛服装可以有一个赞助商的标志在背后，一个在右前胸，大小分别是（　　）和（　　）。

11. ITF男子巡回赛中，运动员上衣袖子上的商业标识不应大于（　　）平方厘米。

12. ITF女子巡回赛的双打比赛中，每队运动员可以有（　　）次去洗手间的机会。

13. 职业比赛中，每名运动员每个部位可以接受（　　）次医疗暂停和（　　）次换边/盘间治疗，医疗暂停的时限为（　　）分钟。

14. 挑边获胜后，运动员有权选择（　　）、（　　）或（　　）。

15. ITF女子巡回赛中，运动员袜子上的生产商标识不应大于（　　）平方英寸，（　　）平方厘米。

16. ITF女子巡回赛中，在极端天气情况下，运动员在比赛的第（　　）盘和第（　　）盘之间可以有（　　）的休息时间。

17. 在ITF巡回赛中，运动员分与分之间的间隔时间超过了20秒，应当被判罚（　　）。

18. 在ITF男子巡回赛中，换边休息时间过了75秒，双方运动员仍然在座位上休息，主裁判这时应当宣报（　　）。

19. 比赛在（　　）场地进行时主裁判可以检查球印。

20. 在装有电子回放系统的比赛中，平局决胜局制每盘比赛每名（队）运动员可以有（　　）次鹰眼挑战失败的机会，平局决胜局时（　　）。

二、是非题

1. 在活球期间运动员越过球网的假定延长线，即使没有进入对方的场区也将失分。

2. 活球期间，某运动员的减震装置飞离其拍触及网或对方场地，比赛暂停，该分重赛。

3. 发出的球碰单打支柱后落入规定的发球区内，应判重发球。

4. 当发球员准备发球时，接发球运动员应该准备接发球。

5. 一发失误，接球员拍线断了，如果他不换拍，发球员必须继续他的二发球。

6. 甲/乙与丙/丁比赛，甲发球给丁，丙在球落地前触网，然后由于球落在发球区外，判甲发球失误。

7. 单打比赛在双打场地进行，比赛进行中一方的球拍触及了双打支柱，应判他失分。

8. 双打时，一发碰到了本方运动员，应判对方得分。

9. 双打比赛中，发球方的发球次序和接发球方的接发球次序可以在每一盘的开始时改变。

10. 发球时，球拍从发球员手中飞出，在球落地前触网，该运动员失分。

11. 球拍上可以安置一个以上的减震器。

12. 在活球期间运动员越过球网的假定延长线，如果没有进入对方的场区不失分。

13. 罚分制为警告、罚一分、取消比赛资格。

14. 当发球员按照合理的节奏准备发球时，接发球运动员应该准备接发球。

15. 双打比赛中，本方队员的发球次序可以在第二盘改变。

16. 所有的裁判员、裁判椅在比赛中都被视为固定物。

17. 一般来说，改判应及时进行，有时也可因运动员的申诉而改判。

18. 当司线员把一分球从出界改判为界内时，主裁判必须判重赛。

19. 挑边获胜者有权在热身过程中改变其原来的决定。

20. 发球员在开始发球动作时脚触底线，但击球时脚未能触及底线即为合法发球。

21. 交换场地时允许运动员有90秒的实际场边休息时间。

22. 运动员在任何情况下都不得过网击球。

23. 在推迟或中断的比赛重新开始时应使用新球。

24. 主裁判不能因运动员的抗议或申诉而进行改判，司线员则可以在运动员的抗议或申述后而改变自己的宣报。

25. 任何时候运动员都不可以到对面场地去检查球印，否则要受到行为准则中不良体育道德行为的处罚。

26. 运动员受伤，医生到达比赛场地为其检查，即为开始治疗，这时主裁判应按秒表开始记时。

27. 活球期，运动员的帽子或球落到本方场地，主裁判应立即宣报暂停，该分重赛，同时要提醒该运动员如果再发生此类事情，将判其失分。

28. 发球员第一发球失误后，发现发球位置错误，应该站到另一发球区进行第二发球。

29. 更换新球时正逢决胜局，主裁判应该暂缓更换新球，待到下一盘开始时再行更换。

30. 甲乙两人在室外进行单打比赛，一共用时75分钟，甲要连场比赛，按规定应给休息60分钟。

31. 比赛因天黑原因停赛，只能在进行的该盘双数局结束后暂停。

32. 运动员违反“行为准则”，而主裁判并未察觉，司线员应立即或在不干扰比赛进行的情况下，快速走近主裁判汇报违例事实。

33. 运动员A发球，运动员B回击此球并获胜，运动员A向主裁判申诉，此球擦网，应重发球，并问B：“你听到擦网声了吗？”B回答：“是擦网”。这时主裁判应改判重发球。

34. 一位底线司线员对一个在边线出界的球看得很清楚，边线司线员和主裁判都不能确定这个球时，他可以发表意见。

35. 球网的高度是0.914米。

36. 主裁判应拥有秒表，以便在准备活动、分与分之间的20秒，交换场地的90秒计时，3分钟受伤暂停应由裁判长负责计时。

37. 平局决胜局中，比分为6—0时交换场地，然后再赛一分，7—0该局结束，下一盘比赛开始时，双方不再交换场地。

38. 当双打比赛抢十决胜局开始时，发球方可以改变发球顺序，接球方也可以交换位置。

39. 受到意外伤害的运动员给予3分钟的治疗，运动员必须马上暂停，治疗，不可以暂缓到换边时。

40. 运动员第一发球下网，网的震动把单打支柱震倒，网柱撑好后继续比赛，运动员进行第二发球。

41. 如果主裁判进行改判，司线员应保持沉默，一切询问应提交到主裁判处理。

42. 在硬地上进行比赛，主裁判即使看到球印的存在，也没有必要去检查球印。

43. 运动员A回击发球出界，无人宣报，运动员继续比赛，但在两个来回球后，B失误，B即提出A接发球出界，这是主裁判的一次失误，此分重赛。

44. 发球员发球时向上抛起，位置不宜击球，用球拍接着球，不算一次失误。

45. 比赛进行中当司线员不能做出判定时，应立即向主裁判示意，由主裁判做出决定，如主裁判对具体发生事例不能做出判定时，可指定该分重赛。

46. 发球前，运动员可要求将停留在对方场区的球取走。

47. A、B运动员进行比赛，运动员A挑边获胜，选择接发球，运动员B就获得发球权和选择场地的权利。

48. 主裁判已报分，如果司线员发现自己判错，只要是及时是可以更正的。

49. 在往返击球中，球必须从网的上方越过落到对方区内。

50. 职业比赛中运动员最后一把备用球拍的拍弦断了，可以用断了弦的球拍继续进行比赛。

51. 因下雨中断比赛，重新开始比赛时，应用停赛前的比赛用球进行准备活动。

52. 比赛结束，负方运动员恼怒地将球击到观众席上，该运动员应受到违反行为准则的处罚。

53. 比分为40–15，发球方领先，这时他发球上网进行了一次漂亮的截击球，对方来不及追击，发球方高兴地在球第二次落地以前将手中的另一球抛到对方场内，并声称本局胜利。

54. 司线员呼报脚误后，在运动员提出疑问时，司线员可以就哪只脚造成脚误做出答复。

55. 活球期间，球击中停留在场内的另一球，这一分即自动结束。

56. 运动员抽筋可以接受伤病治疗，每次抽筋可以接受一次3分钟治疗外加2次换边治疗。

三、选择题

1. 运动员发球时由于球没抛好，用拍子把球接住，主裁如何判罚？

A. 发球失误

B. 重发

2. 接发球员回击出界的第一发球时，拍线断了，她立即换了一把球拍，主裁判如何判罚？

A. 重新发一发

B. 继续发二发

C. 接球员失分

3. 在活球期间运动员的拍线断了，是否允许该运动员用这把断线的拍子继续打完这一分？

A. 允许

B. 不允许

4. 接上一题，是否允许该运动员用这把断线的拍子打下一分的比赛？

A. 允许

B. 不允许

5. 在活球期间，一球落在界内，场边观众很大声地喊“出界”，运动员A以为是裁判员喊的于是停止比赛，主裁判如何判罚？

A. 干扰，重赛

B. “A”得分

C. “A”失分

6. 运动员A在网前把拍子扔出去截击球过网，对手B没接住来球，主裁判如何判罚？

A. A得分

B. B得分

C. 干扰重赛

7. 在活球期间运动员的帽子掉在本方场地上，主裁判如何判罚？

A. 继续比赛

B. 该运动员失分

C. 该分重赛并告诉运动员下次再出现此类情况判失分

8. 一发失误，当运动员拉拍发二发的时候旁边场地一个球滚进来，主裁判如何判罚？

A. 继续比赛

B. 重赛，两次发球机会

C. 一次发球

9. 活球期间比赛球击中场区内的另外一个球，主裁判如何判罚？

A. 继续比赛

B. 击球的运动员失分

C. 比赛暂停，该分重赛

10. 正规比赛的网球可以是黄色或白色的。

A. 对

B. 错

11. 双打比赛中，发球擦网后触及接球方网前运动员，主裁判如何判罚?

A. 发球失误

B. 重发

C. 接球方失分

12. 运动员A在后场打高压球，击过球后球拍脱手落在本方场地上，同时球过网对手B没接住球，B申诉被对手干扰要求重赛，主裁判如何判罚?

A. 干扰，重赛并告诉A下次出现此类情况判她失分

B. A失分

C. A得分

13. 用两个球比赛，运动员A一发失误，二发进区，当A失分后才发现一发所用的球是个破球，A要求重赛，主裁判如何判罚?

A. 破球，重赛

B. 比分有效

14. 运动员A发了一个ACE球，司线员呼报“out”紧接着主裁判更正为好球判A得分，对手申诉说司线员的呼报干扰了他，要求重赛。

A. A得分，因为主裁判不能因为运动员的申诉而改判

B. A得分，因为这种情况没有构成干扰

C. 干扰，重赛

15. 比分30–15，运动员在右区发球，失分后要求判一发失误，因为站位错误。主裁判如何判罚?

A. 比分有效，下一分在右区发球

B. 比分有效，下一分在左区发球

C. 判发球失误

16. 双打比赛A/B对C/D，C在左区接发球D在右区接发球，30–15时接发球次序发生错误C在右区接了发球，这一分结束后裁判员才发现，应该如何判罚?

A. 比分有效，下一分C接发球

B. 比分有效，下一分D接发球

C. 重赛并改回正确的接发球

17. 运动员是否可以要求对方运动员将场地上的球拿走?

A. 可以，但不能在活球期间

B. 可以，但只能是发球方，接发球方不能要求对方这么做

C. 不可以

18. 主裁判裁定该分重赛，但运动员不同意，是否可以要求裁判长给出最后判罚？

A. 可以，因为这是规则问题

B. 不可以，因为这是规则问题

C. 可以，因为这是事实问题

19. 裁判员呼报“out”，判定发球出界，运动员不同意，认为是好球。是否可以请裁判长来给出最后判罚？

A. 不可以，这是事实问题

B. 可以，这是事实问题

C. 不可以，这是规则问题

20. 主裁判如果认为司线员犯了一个明显的错误，是否可以在一分结束后更改司线员的判罚？

A. 可以

B. 不可以

21. 男子双打（五盘三胜）的比赛中，可以有几次去洗手间间歇？

A. 每名运动员1次

B. 每名运动员2次

C. 每队2次

D. 每队4次

22. 在硬地进行的男子希望赛中，正赛有主裁判但没有司线员。是否允许由运动员对线进行呼报？

A. 允许，并且他们的呼报主裁判无法更改

B. 允许，但主裁判可以改判错误的呼报

C. 不允许

23. 在所有男子和女子职业网球赛事中（正赛32位签），5～8号种子通过随机抽签由上至下进入8、16、17、25号位。

A. 正确

B. 错误

24. 在一场ITF女子巡回赛中，在第一盘结束后一名运动员的短裙上的拉链坏了。她请求离开场地去休息室换另外一条裙子。正确的判罚应当是什么？

A. 拒绝运动员离开场地，并宣报“开始比赛”

B. 允许运动员离开场地，使用更换服装间歇

C. 允许运动员离开场地并给与合理的时间

D. 建议运动员使用上洗手间间歇

25. 在一场ITF男子希望赛单打比赛中，运动员由于行为问题被多次判罚违反行为准则并取消了比赛资格。这名运动员是否自动被取消参加双打比赛的资格？

A. 是

B. 否

26. 在所有男子和女子职业网球比赛中，当资格赛使用32位签表竞争8个位置时，前8号种子分别放置在各区的顶部，9～16号种子：

A. 按一组随机抽签放置在各区的底部（由上至下）

B. 按一组随机抽签放置在各区的底部（由下至上）

C. 成对抽签放置在各区底部（由下至上）

D. 以上都不对

27. 作为一项奖金10000美元的ITF女子巡回赛的裁判长，资格赛中没有主裁判。当你听到运动员用最大的声音喊道“What a fucking shitty tournament”。运动员距离你站的位置大约6个场地远。裁判长应当怎么做？

A. 对运动员宣报“违反行为准则”

B. 前往那个场地给予该运动员违反行为准则的处罚

C. 前往那个场地取消该运动员的比赛资格

D. 赞同该运动员

28. 在ITF女子挑战赛中当极端炎热天气情况出现时，运动员在决胜盘之前可以有多长时间休息？

A. 10分钟

B. 3分钟

C. 5分钟

29. 在ITF、大满贯、ATP和WTA赛事中，阿迪达斯的三道杠标识是否被视为生产商的标识？

A. 是

B. 否

30. 在美国网球公开赛的一场比赛中，医疗暂停时，受伤运动员的对手从包里拿出了一本书开始阅读。主裁判看不清书的内容，应当怎么做?

A. 询问运动员书中的内容，如果是关于如何打比赛的建议，判罚违反行为准则——指导

B. 判罚运动员违反行为准则——违反体育道德行为

C. 告诉运动员他/她不可以看书

D. 不理睬

31. 在大满贯男子比赛中，一名运动员已经3次被判罚违反行为准则（警告，罚一分，罚一局）。在之后的比赛中，他大声喊道“This is a fucking terrible tournament!”主裁判应当怎么做?

A. 忽略此情况

B. 在下个换边时给予“提醒”

C. 判罚违反行为准则，罚一局

D. 请裁判长/赛事监督进场讨论对于此次违反行为准则的处罚

32. 运动员因抽筋接受了一次换边期间治疗。如果在后面的比赛中运动员再次摔倒，看似是抽筋的症状，主裁判应当怎么做?

A. 跟理疗师确认运动员是抽筋症状，如果运动员没有在规定时间内开始比赛，则判罚违反行为准则（延误比赛）

B. 跟理疗师确认运动员是抽筋症状，如果运动员没有在规定时间内准备好比赛，第一次判罚违反时间准则，之后判罚违反行为准则（延误比赛）

C. 劝说运动员弃权

D. 自己判断运动员是否为抽筋，然后采取合理的行动

33. 发球员在球抛起后没有继续发球动作而是用球拍将球接住，是否是一次发球失误。

A. 是

B. 否

34. 接发球员在接一发球时拍线断了，同时主裁判也宣报fault，这时接发球员迅速跑去座椅，很快地换了把拍子回来，裁判员应该怎么判?

A. 继续第二发球

B. 重新发第一发球

35. 运动员正在奔跑救球的时候，场外观众很大声地喊“出界”，运动员停止击球，而球却落在线上，这时作为主裁判应该如何判罚?

A. 重赛，因为运动员受到干扰

B. 该运动员失分

36. 运动员在网前截击，球拍脱手后击中来球，并将球拦死，主裁判如何判罚?

A. 该运动员得分

B. 该运动员失分

C. 重赛

37. 运动员在挥拍过程中不慎将自己的帽子碰落，同时击出的好球对手没有接到，主裁判如何判罚?

A. 该运动员失分

B. 该运动员得分

C. 重赛，并告诉该运动员下次再发生类似情况将被视为故意干扰而失分

38. 一发失误后，在运动员二发将球抛起时有一个球滚进场内，主裁判如何判罚?

A. 继续比赛

B. 暂停后继续发第二发球

C. 暂停后重新发第一发球

39. 在活球期间，比赛球击中场地内另外一个球，这时主裁判是否应该停止比赛?

A. 是，击球的运动员失分

B. 是，该分应该重赛

C. 不，比赛继续

40. 一分结束后，失分方发现刚才打的球破了，该运动员要求重赛。作为主裁判如何判罚?

A. 比分有效，因为已经死球了

B. 重赛

41. 双打比赛，发出的球在落地前击中站在发球区外接发球员的同伴，这是发球得分吗？

A. 不是，这是一次发球失误，因为被击中的人站在发球区外

B. 是，被击中的一方失分

C. 不是，重发

42. 主裁判判定干扰重赛，但运动员认为不应该重赛，是否可以要求裁判长给出最后判罚？

A. 可以，因为这是规则问题

B. 不可以，因为这是规则问题

C. 可以，因为这是事实问题

43. 裁判员呼报“out”，判定球出界，运动员不同意，认为是好球。是否可以请裁判长来给出最后判罚？

A. 不可以，这是事实问题

B. 可以，这是事实问题

C. 不可以，这是规则问题

44. 双打比赛中，发球擦网后触及接球方网前运动员，如何判罚？

A. 发球失误

B. 重发

C. 接球方失分

45. 活球期，一位观众喊“出界”，于是某运动员停止比赛声称其干扰，这时主裁判如何判罚？

A. 宣报该分重赛

B. 请裁判长解决

C. 判其失分

46. 在比赛活球期，运动员甲口袋里的球落到本方场地上，这时主裁判如何判罚？

A. 判甲失分

B. 不予理睬

C. 重赛

47. 在一分球结束后，运动员乙声称球变软不能比赛，并要求该分重赛，主裁判应如何判罚？

A. 换球，该分重赛

B. 比分有效，换球

C. 请裁判长解决

48. 运动员甲的最后一把拍弦断了，这时主裁判应如何处理？

A. 允许用断弦的球拍继续比赛

B. 取消其比赛资格

C. 由此引起比赛延误，按罚分制处罚

49. 在沙土场地比赛时，司线员呼报“out”，主裁判更正司线员的呼报，但运动员提出异议，主裁判应如何处理？

A. 坚持更正

B. 尊重司线员呼报

C. 亲自走到球场上检查球印

50. 第二发球落在发球线附近，司线员呼报“Fault”，主裁判更正，这时应如何判？

A. 发球员得分

B. 接球员得分

C. 重赛一发

D. 重赛二发

51. 参赛运动员服装不符要求，换装时间要求为：

A. 3秒

B. 5秒

C. 10秒

D. 15秒

52. 主裁判在记分时的操作程序应该是：

A. 先记分，后报分

B. 边记分，边报分

C. 先报分，后记分

D. 面向失分方报分，后记分

53. 一发失误，发球方未做二发准备，这时另一场地的球滚到其脚下，发球员将球打走，并要求重发两次，这时主裁判应如何判？

A. 重发两次

B. 第二发球

C. 请裁判长处理

54. 接球员还击发来的球出界，然后向主裁判提出他没有做好准备，要求对方重发球，主裁判应如何判？

A. 接球员失分

B. 重赛

C. 请裁判长处理

55. 第二次发球时，发球员上抛球准备发球，这时司线员呼报“脚误”，发球员听到呼报后用拍接住球没有发球，主裁判应如何处理？

A. 重发第二发球

B. 重赛，第一发球

C. 请裁判长处理

56. 发球员用力地发出一球，球进入规定场区，但球拍从他手中滑出落在了自己一方的场地，接球员还击失误后称他受到了对方的干扰，要求该分重赛，主裁判应如何判？

A. 重赛

B. 发球员得分

C. 接球员得分

57. 在比赛中运动员甲接受了以手势形式的指导。作为主裁判应该如何判定？

A. 请裁判长

B. 警告运动员甲

C. 询问运动员乙，是否造成干扰

D. 立即取消运动员甲的比赛资格

58. 司线员视线被阻挡或者预料其视线可能被阻挡该怎么处理？

A. 告诉主裁判

B. 告诉运动员移动一个位置

C. 原地不动，不作任何动作

D. 尽可能获得最佳位置

59. 比赛前主裁判召集运动员应该何时何地？

A. 运动员报到处

B. 运动员休息室

C. 在场外候场时

D. 在场内主裁判椅前

60. 比赛第一次换球是在第一盘的第七局结束，第二次换球应再隔几局结束？

A. 9局

B. 11局

C. 13局

61. 主裁判对司线员呼报的一个“out”球有异议，但没有纠正而宣报分。运动员询问，主裁判的回答是：

A. 对不起，是司线员呼报“out”

B. 我看到的与司线是一致的

C. 我也没看清楚，该分重赛

62. 裁判长因场上的争议被请到场地，裁判长询问情况首先应问：

A. 投诉者

B. 非投诉者

C. 主裁判

D. 相关的辅助裁判员

63. 在比赛进行中，某局开始运动员A第一发球失误，主裁判发现应是换新球的时间，主裁判应：

A. 马上换新球给第二发球机会

B. 马上换新球给第一发球机会

C. 比赛继续，直至下次运动员A发球局之前

64. 运动员A回击一个由司线员呼报“out”的球，主裁判看到是一个明显的误判，做了好球手势，运动员A击球出界后提出刚才呼报“out”造成干扰，此时主裁判应如何处理？

A. 该分重赛

B. A失分

C. B失分

D. 请裁判长解决

65. 发球时，球击中下列哪个物体后又落入有效区内，应判定此球失误：

A. 球网中心带

B. 单打支柱

C. 网边白带

66. 运动员A挑高球到运动员B的后场内，球跳起很高，轻微触及场后的树叶，在没有干扰的情况下，运动员B回击并得分，主裁判应判定：

A. 运动员A得分

B. 运动员B得分

C. 该分重赛

D. 请裁判长解决

67. 单打支柱应撑在：

A. 单打边线中央到支柱中央距离0.914米

B. 单打边线外沿到支柱内沿距离0.914米

C. 单打边线外沿到支柱中央距离0.914米

D. 单打边线内沿到支柱外沿距离0.914米

68. 单打比赛在双打场地进行，运动员A在跑动击球时，脚触及到单打支柱和双打支柱之间的球网，主裁判应判定：

A. 重赛

B. 运动员A失分

C. 有效还击，继续比赛

D. 请裁判长解决

69. 决定选择场区或首先发球权的方法是：

A. 转动球拍

B. 把钱币抛起后，用手接住

C. 把钱币抛起后，让其自由落地

D. 一只手握钱币，伸出双手让运动员猜

70. 甲追击球后站在网前，乙回球擦网，球沿网顶滚动，甲举拍击球，其球拍及衣物均未触及球网。球落入乙方场内，乙方来不及还击，应判定：

A. 甲方得分

B. 乙方得分

C. 请裁判长解决

D. 重赛

71. 在沙场地进行比赛，运动员要求主裁判检查球印，并对主裁判指出的球印有异议，该运动员跑到对方场地指出球印，此时主裁判应如何处理？

A. 坚持自己指出的球印

B. 同意运动员指出的球印

C. 判该分重赛

D. 对运动员按罚分制处罚

72. 比赛因雨中断16分钟，恢复比赛后，应给运动员进行准备活动的时间是：

A. 无准备活动时间

B. 3分钟

C. 5分钟

D. 10分钟

73. 运动员在比赛中意外受伤，经医生诊断确定属伤害事故，可允许在交换场地时有4分30秒的治疗，其治疗时间计算是：

A. 从医生治疗时开始计算

B. 从该分成死球后开始计算

C. 从运动员坐到休息椅开始计算

D. 从医生到场检查时开始计算

74. 运动员对司线员的判决不满，小声谩骂，这时司线员听到后应该：

A. 不予理睬

B. 当场质问

C. 向主裁判报告

D. 请裁判长解决

75. 是否允许运动员在交换场地休息的时候有额外的合理时间换鞋子，以下哪个叙述正确？

A. 如果鞋子没破只是因为不舒服，不允许

B. 允许。如果鞋子没破只是因为不舒服，在新鞋子准备好的情况下可以有一次机会，但不允许离开场地

C. 允许。并且在B项的前提情况下可以允许运动员去更衣室换

76. 在换边时，一名教练员要求球童递给场上的运动员一些药品/医疗用品。作为场上的主裁判，应当做什么？

A. 不予理会

B. 检查该物品之后再决定

C. 不允许给予该药品/医疗用品，除非经过医生的检查。

77. 在一场WTA比赛中，决胜盘3–3时一名运动员提出使用第二次去洗手间的机会。主裁判试图说服她晚些时间去，可是情况紧急。但是下一局是对手的发球局，主裁判应当怎样做？

A. 允许她去

B. 要求她必须再等一局，在自己的发球局前去

C. 允许她去，但提醒她只能使用自己的时间，如果在规定时间没回来，则判罚违反时间准则

78. 运动员提出离开场地去更衣室取另外一双球鞋，声称自己穿的这双鞋属于“装备失调”，因为鞋底磨损了导致在场地上打滑。这种情况属于装备失调，允许其用“合理时间”离开场地去取新鞋。

A. 对

B. 错

79. 在一项ATP赛事中，运动员上场比赛时穿着一件带有商业标识的衣服（位置与尺寸均符合规定），该标识含有字样“PokerStars.com”（博彩之星网站）。因为该网站不提供网球博彩业务，所以允许其穿此衣进行比赛。

A. 是

B. 否

80. 你是一名ITF男子职业巡回赛的主裁判，在比赛现场一个不认识的人接近你，并开始与你讨论比赛，之后询问你是否知道某位运动员有轻微的受伤。你应当怎么做？

A. 告诉他你所知道的伤情，因为你执裁了这名运动员的前一场比赛

B. 忽略这一情况，因为这与你的执裁无关

C. 告诉他你什么都不知道，之后将这一情况告知赛事监督

81. 你作为助理裁判长巡视一场红土的信任制单打比赛。运动员A呼报对手的来球出界，运动员B要求其指出球印。运动员A未能找到一个清楚的球印，所以指出了一个大致的区域。然后运动员B走到球网对面查看，并请助理裁判长进场帮助他们解决问题。助理裁判长询问运动员A，她指出了大致的区域但没有明

显的球印。助理裁判长询问其是否确定自己的呼报，她回答是。助理裁判长应当怎样判罚？

A. 将此分判给运动员A，并继续在场内监督这场比赛。运动员并不是必须要找到球印

B. 重赛此分，并告知运动员再发生此类情况将导致其失分，并有可能被判违反行为准则——违反体育道德行为

C. 判运动员B得分。在红土场上运动员A必须能够指出球印

82. 你在一个十分炎热的天气下执裁一场单打比赛，其中一名运动员已经使用了两次完整的换边时间治疗抽筋症状。在某局比赛15–15时，该运动员的动作十分缓慢，他看似拉伸了自己的手部和手指。你应当做什么？

A. 询问他还好吗

B. 判其违反时间准则

C. 判其违反行为准则——延误比赛

四、编排题

1. 排出名次

姓名		1	2	3	4	胜场	获胜百分比		名次
							盘	局	
1	王帅		6–4，6–3 2：0	7–6，4–6，6–4 2：1	4–6，5–7 0：2				
2	高川	4–6，3–6 0：2		1–6，3–6 0：2	3–6，3–6 0：2				
3	凌长勇	6–7，6–4，2–6 1：2	6–1，6–3 2：0		7–6，4–6，4–6 1：2				
7	刘成斌	6–4，7–5 2：0	6–3，6–3 2：0	6–7，6–4，6–4 2：1					

2. 青少年巡回赛男子单打共有30名运动员报名参加，第一阶段分8个小组进行单循环赛，第二阶段8个小组第一名抽签进入1～8号位进行单淘汰加附加赛，决出前4名，请你按以下两项做出编排。

（1）算出第一、第二阶段各有多少场比赛？

（2）如果比赛必须在3天打完，写出每天的赛程安排。

3. 32人参加单打比赛，采取单淘汰制决出1～6名，问需进行几轮，多少场比赛？

4. 17人分4个组进行单循环赛，各组的前两名再进行单循环赛决出1～8名，问共需进行多少场比赛。

五、问答题

1. 在一场ATP挑战赛中（三盘两胜），运动员B的单打比赛在打到第二盘3–2因雨中断，第二天比赛重新恢复。如果B在第一盘结束时已经去了一次洗手间而对手A没有去过洗手间，请问A和B还有规定的去洗手间暂停吗？

2. 当天气变暗、光线不足时，在可能的情况下应该在什么时候停止比赛，延期的决定由谁做出？

3. 一名运动员在0–30落后时故意用力将球回击到发球方一侧的后挡板上，并未试图打出回合球。在这场比赛中，之前并没有出现软警告。主裁判是否会采取行动？假设在下一分运动员做出相同的表现后主裁判决定采取行动会怎么做？

4. 司线员将自己对第二发球出界的呼报更正为好球。主裁判判发球员得分，但接球员提出自己刚刚击到了球。主裁判这时候意识到该运动员刚刚确实将球回击到场内。主裁判应当怎么做？

5. 作为戴维斯杯的中立主裁判，如何控制观众/队长？

6. 说明两种不同的更换司线员的情况。

7. 在一场上满司线员的比赛中，当球落在底线附近时主裁判的视线被挡住，司线员也没有做出呼报，主裁判应该怎么办？

8. 在呼报完运动员A击出的一个近线球“出界”后，主裁判宣报运动员B胜该局并以4–3领先。运动员A走到球网另一侧对着球印进行申诉——要求检查球印。请说明主裁判怎样做？

9. 发球方发球后，对手快速地回击出一记制胜球，这时发球方提出检查球印。请说明你会如何处理。

10. 在比分为3–0时，运动员换边休息时提出场地的尺寸可能有问题。请说明你会如何处理。

11. 运动员的击球首先被呼报“出界”，然后被主裁判更正为好球，并作为制胜球将此分判给了击球方。对手申诉说自己已经将球击回。主裁判意识到该运动员描述的情况属实。请说明你会怎么做，为什么？

12. 运动员向主裁判提出更换袜子和鞋，因为它们不适合这种场地面层。请说明你会如何处理。

13. 在输掉一分之后，运动员扔出球拍在砸到地面之后击中了司线员。请说明你会如何处理。

14. 在一场比赛中，接球方通常在12～14秒内做好接球准备，在平局决胜局时该运动员用14～18秒时间准备接球，发球方申诉其准备时间过长。请说明你会怎么做。

15. 你是法网女子比赛的主裁判，场上比分为决胜盘6–6。运动员再次抽筋，几局比赛之前她曾因抽筋接受过一次医疗暂停。该运动员已经先后被判罚违反行为准则——警告和罚分（可闻污言秽语和乱摔球拍）。你如何判罚？

16. 男子双打比赛，球打在远边线附近。运动员跑去救球，但发球线司线员从椅子上离开（为了不被运动员打到）并妨碍了运动员。请问如何处理？

17. 请说明在戴维斯杯比赛中判罚违反行为准则，观众过分倾向的程序。

18. 在平局决胜局时运动员第一次在20秒内没有开始比赛。请问如何处理？

19. 在第五盘比赛6–6时运动员第一次提出上洗手间。请问如何处理？

20. 远边的近线球司线员呼报“出界”。运动员要求主裁判检查球印，但没有找到球印。请说明如何处理？

21. 说明自2006年以后ITF服装规则的变化（参照阿迪达斯的三道杠标识）。

22. 请解释以下3种计分方法：短盘制；抢10分平盘决胜局；无占先计分法。

23. 描述在WTA热规则间歇中允许和不允许做的事。

24. 你在执裁一场比赛，将运动员A击出的底线附近的球由出界改判为好球。运动员B质疑判罚，但你随后报分，将该分判给了运动员A。之后运动员B告诉你她将球回了过去。你忘记球打向了哪里。请问你会怎么做？如果你处在有鹰眼的场地上会怎么做？

25. 一名司线员陪同运动员上洗手间，回来后向主裁判汇报该运动员曾与其教练员交谈。请问主裁判应当怎么做?

26. 比赛在红土场上进行，运动员的高压球打向远边线。司线员呼报出界，运动员提出检查球印。你前去检查但未能找到球印。你怎么做?

27. 在一场比赛第二盘的后期，一名运动员因抽筋接受医疗暂停。在下一盘的第一个换边休息期间他接受了治疗。当比分为2–2，30–15时，他突然倒地并痛苦地扭动身体。请问裁判员应当怎么做?

28. 运动员在比赛的前半段并未出现超时问题，在第一盘平局决胜局时，运动员在分与分之间擦汗并且用了30秒时间才发球。请问裁判员会怎么做?

29. 请简述失分的几种情况。

30. 请列出发球失误的几种情况。

31. 列举出界外球改判为界内的几种情况。

32. 请说明挑边获得优先选择权的运动员有哪几种选择?

33. 运动员正在奔跑救球的时候，场外观众非常大声地喊“OUT”，运动员停止击球而球却落在线上，此时主裁判应该如何判罚?

34. 运动员A在中场打高压球到对方边线，球落地后该运动员认为对方肯定接不到球，把手举起来大声叫“come on”，这时对手把球救过网，主裁判应该怎么做?

35. 对手回击球在底线附近，运动员A在回击球过网的同时喊“out”， 对手击球下网，主裁判应该如何判罚?

36. 运动员A回球时帽子掉落在本方场地，回出的球落在边线附近，司线员给出好球手势，主裁判更正，判定该球出界，该分应该如何裁判?

37. 双打比赛A/B对C/D。C在左区接发球D在右区接发球，30–15 时C错误地在右区接了发球，这一分结束后裁判员才发现，此时应该怎么判罚?

38. 在比赛进行中，某局开始运动员A第一发球失误，主裁判发现应是换新球的时间，主裁判应怎么做?

39. 局数2–2，比分30–40时运动员意外跌倒，医生确诊为踝关节扭伤，如果运动员要求在换边休息时治疗，可以最多有______时间治疗，时间计算是从何时开始?

40. 一分结束后，失分方运动员A向主裁判申诉刚才对打回合中的一个底线球出界了，而且司线员也呼报“out”，（但是主裁判没有听见）主裁判应该怎么做?

41. 运动员接发球出界，主裁判宣报15–0，运动员申诉刚才司线员呼报了“fault”，主裁判没有听见，远边线司线员承认其做了呼报，主裁判应该怎么做？

42. 15–0后主裁判意识到应该换新球，但是忘了更换。这局结束后比分为6–6，应该在什么时候更换新球？

43. 第一发球落在中线附近，司线员呼报“fault”然后更正为好球，由于接球员没有碰到球，主裁判把这分判给了发球方。接发球员不同意，向主裁判申诉他可以接到这球，这时主裁判觉得该运动员好像能打到球，这分应该如何判罚？

44. 第一发球落在中线附近，司线员呼报“fault”然后更正为好球，主裁判把这分判给了发球方。接发球员不同意，告诉主裁判他刚才击到球了，这时主裁判想起该运动员确实把球回过去了，这分应该如何判罚？

45. 在交换场地休息的时候，运动员要求主裁判给她额外的时间去更衣室把近视眼镜换成隐形眼镜，她的眼镜并没有出现问题只是觉得隐形眼镜更方便，主裁判应该怎么做？

46. 在活球期运动员用手抓住了球，声称对面球童在对打当中用手拍球了，主裁判没有看见，地上也没有球，此时主裁判应该怎么做？

47. 双打比赛中，在对打过程中有一挑高球落在底线附近，司线员和主裁判都被球员挡住视线没看清楚，但是感觉是球好像出界，主裁判应该如何判罚？

48. 运动员在一盘结束后去厕所，司线员跟随其后发现教练员等在洗手间里，并开始与运动员交谈，司线员应该怎么做？

49. 运动员在跑动击球中鞋子脱落在场地上，该分应该如何判罚？

50. 运动员在打高压球的过程中把帽子碰落在场地上，在球被打下网后，该运动员向主裁判申诉应该判干扰重赛，因为帽子落地影响了他击球。主裁判应该如何判罚？

51. 运动员在交换场地的时候在缠握柄手胶，裁判员宣报time后他站起来一边走向场地一边继续缠，在90秒后依然没有开始发球，主裁判应该怎么判？

52. 在男子三盘两胜的比赛中，第一盘结束后运动员已经去过一次卫生间，在第二盘中该运动员告诉主裁判在下个换边他发球之前必须要去卫生间，主裁判应该怎么做？

53. 在比赛中运动员的鞋底磨坏了，该运动员要求离开场地去更衣室更换，是否允许？

54. 一分结束后失分方发现对手的减震器在本方场地上，该运动员要求主裁判判对方失分，因为他肯定减震器是刚才对手截击时掉的。主裁判不确定减震器是否是在活球期掉落，如何判罚？

55. 球落在远边线附近，司线员视线被运动员挡着没看见落点，给了一个没看见手势，主裁判也不确定该球是否出界。运动员立即过来申诉说这球出界了。主裁判应该如何判罚？

56. 球落在远边线附近，司线员视线被运动员挡着没看见落点，他给了一个没看见手势，主裁判也不确定该球是否出界。运动员回球下网后过来申诉说该球出界了。请问主裁判如何判罚？

57. 简述伤病治疗程序。

58. 请分别描述一下发球线、边线和底线司线员工作时的技术要点（从准备姿势、站姿、坐姿、一分开始前后等）。

59. 请说明主裁判上场前要做哪些准备工作？

60. 当司线员的呼报被主裁判更正以后应该怎样做？如果很清楚是主裁判改错了怎么办？

61. 比赛天下雨的时候，谁来决定比赛暂停？判断的标准是什么？

62. 请描述一下在赛前会议时要和运动员交待的信息。

六、参考答案

（一）填空题

1. 23.77米，8.23米，10.97米
2. 0.914米，6.40米
3. 1.07米，0.914米
4. 10厘米，5厘米
5. 7.5厘米，15厘米
6. 单，6的倍数
7. 20秒，90秒，120秒
8. 一
9. 二
10. 10厘米 × 25厘米，5厘米 × 10厘米
11. 19.5
12. 2
13. 1，2，3
14. 先发球或接发球，场地，由对手选择

15. 2，13
16. 2，3，10分钟
17. 违反时间准则
18. 15秒
19. 红土
20. 3，增加1次

（二）是非题

1. F	15. T	29. F	43. F
2. F	16. F	30. T	44. T
3. F	17. F	31. F	45. T
4. F	18. F	32. T	46. T
5. T	19. F	33. F	47. T
6. F	20. F	34. F	48. T
7. F	21. F	35. F	49. F
8. F	22. F	36. F	50. F
9. T	23. F	37. F	51. F
10. T	24. F	38. T	52. T
11. T	25. F	39. F	53. F
12. T	26. F	40. F	54. T
13. F	27. T	41. T	55. F
14. T	28. T	42. T	56. F

（三）选择题

1. B	11. B	21. C	31. D
2. A	12. C	22. C	32. A
3. A	13. B	23. A	33. B
4. B	14. B	24. C	34. B
5. C	15. A	25. A	35. B
6. B	16. B	26. A	36. B
7. C	17. A	27. C	37. C
8. B	18. A	28. A	38. C
9. A	19. A	29. A	39. C
10. A	20. B	30. D	40. B

41. B
42. A
43. A
44. B
45. C
46. C
47. B
48. C
49. C
50. C
51. D
52. D
53. B
54. A
55. B
56. B
57. B
58. D
59. D
60. A
61. B
62. C
63. C
64. A
65. B
66. A
67. C
68. C
69. C
70. B
71. D
72. B
73. B
74. C
75. B
76. B
77. C
78. B
79. B
80. C
81. A
82. B

（四）编排题

答案提示：

循环赛计算名次方法：胜一场得2分，负一场得1分，如两人积分相等，两人之间胜者名次列前；如三人获胜场次相等，则按三人获胜盘的百分比确定名次；如再相等，则按三人获胜局的百分比确定名次；如再相等，则按三人获胜分的百分比确定名次。

获胜盘（局、分）数百分比=胜次/（胜次+负次）×100%

（五）问答题

答案略，请参考本书内容。

第四章 英文术语

一、热身期间

- Three minutes —— 距热身结束还有3分钟时主裁判宣报。
- Two minutes —— 距热身结束还有2分钟时主裁判宣报。
- One minute —— 距热身结束还有1分钟时主裁判宣报。
- Time，prepare to play —— 热身结束，示意球传到发球员一方。
- ________ to serve，play —— 发球员准备发球前即刻。
- ________ is serving for（nation），play —— 团体赛发球员准备发球前即刻。

二、介绍运动员

1. 如果是由主裁判介绍运动员，则在宣报“一分钟”后，宣布如下。

（1）单项赛

- This is a ______ round singles/doubles match，best of three/five tie-break sets. To the left of the chair ______，and to the right of the chair ______. ______ won the toss and chose/elected to ______.
- This is a ______ round doubles match. This match will consist of two tie-break sets with No-Ad scoring. At one set all，a ten-point match tie-break will be played to decide the match.

（2）团体赛

- This is Fed Cup by BNP PARIBAS _____，between（nation）VS（nation），this（1st single or 2nd single）or（doubles）will be best of three tie-break sets. To the left of the chair representing（nation）（player），to the right of the chair representing（nation）（player），（nation）won the toss and chose to _____.

2. 如果是由另外一位播音员介绍运动员，在热身时宣布如下：

• _____ won the toss and chose/elected to _____.

三、控制比赛场地秩序

• Quiet please，thank you.
• Please be seated，thank you.
• Seats quickly，please.
• As a courtesy to both players...
• No flash photography，please.

四、报分

1. 如果使用无占先计分法，在平分后宣报如下：

• Deciding point，receiver's choice

2. 在一局或一盘结束后，主裁判应当参照以下例子宣报局分：

（1）单项赛

• Game Smith，he/she or Jones leads 4–2，first set. or
• Game Smith，3 games all，first set. or
• Game and third set Smith，7 games to 5. Jones leads 2 sets to 1.

（2）团体赛

在一局结束后，主裁判宣报如下：

• Game（nation），（nation）leads 4–2

每盘开始时主裁判宣报如下：

• Second Set，Smith to serve.

3. 当一盘比赛需要进行平局决胜局时，主裁判宣报如下：

• Game Smith，6 games all. Tie-break.

平局决胜局结束时，主裁判宣报如下：

• Game and set Smith，7–6.

4. 当第二盘比赛结束，盘数1：1需要进行抢十平局决胜局时，主裁判宣报如下：

• Ladies and Gentlemen，a ten-point match tie-break will now be played to decide the match.

5. 在比赛结束时，可按以下例子宣布获胜者：

• Game，set and match Smith，（3 sets to 2），6–4，1–6，7–6，4–6，6–2.

五、行为准则

1. 违反行为准则时根据罚分表进行的处罚应按以下例子宣报：

• Code Violation，Delay of Game，Warning，Mr/Ms _____.

• Code Violation，Racquet Abuse，Point Penalty，Mr/Ms _____.

• Code Violation，Verbal Abuse，Game Penalty，Mr/Ms _____.

2. 违反观众过分倾向规则的处罚（团体赛）应按以下例子宣报：

• Code Violation，Partisan Crowd，Warning，（Nation）.

• Code Violation，Partisan Crowd，Point Penalty，（Nation）.

3. 队长的行为违反了规程的处罚（团体赛）应按以下例子宣报：

• Unsportsmanlike Conduct，Captain，First Warning，（Nation）.

• Unsportsmanlike Conduct，Captain，Second Warning，（Nation）.

• Unsportsmanlike Conduct，Captain，Removal，（Nation）.

4. 不属于违反行为准则中无理延误比赛条款的违反时间准则的情况，应当按照以下例子宣报：

• Time Violation，Warning，Mr/Ms _____.

如果仍有拖延：

• Time Violation，Loss of Serve，Mr/Ms _____，Second Serve or Score，or

• Time Violation，Point Penalty，Mr/Ms _____.

5. 当主裁判请ITF赛事监督/裁判长进场决定某个违反行为准则的行为是否导致取消比赛资格的处罚时，他/她应该通知运动员，必要时通知观众：

• I am calling the Supervisor/Referee to discuss this Code Violation.

如果ITF赛事监督/裁判长决定取消运动员的比赛资格，应当按照以下例子宣报：

• Code Violation，Physical Abuse，Default，Mr/Ms _____.

六、医疗暂停

1. 当主裁判决定请理疗师/运动治疗师进场时，宣报如下：

• The Trainer has been called to the court.

2. 当3分钟医疗暂停被批准时，主裁判宣报：

• Mr/Ms _____ is now receiving a Medical Time-Out.

3. 为了让对手和治疗师掌握医疗暂停的剩余时间，主裁判应该与他们交流：（不向公众宣报）：

Two minutes remaining;

One minute remaining;

Thirty seconds remaining;

Treatment complete.

4. 如果运动员决定放弃分数/局数以接受对于抽筋症状的治疗，主裁判应当宣报：

• Mr/Ms ______ is requesting immediate medical treatment for cramping. He/She may receive this treatment only on a changeover/set break and therefore is conceding all points and games up to the next changeover/set break.

七、电子回放系统

1. 当运动员合理地向主裁判提出使用电子回放时，主裁判应当宣报：

Mr/Ms. _______ is challenging the call on the Base Line（give specific line），the ball was called IN/OUT.

2. 当运动员可用的挑战次数减少后，选择合适的时机主裁判宣报：

Mr/Ms. _____ has X challenges remaining.

3. 如果回放系统不可用，主裁判（在告知运动员后）宣报：

Electronic Review is unavailable，the original call of IN/OUT stands.

八、请求教练员指导

WTA比赛中运动员请求教练员进场时，主裁判宣报：

Miss/Mrs. _____ has requested to see her coach.

九、用对讲机沟通

主裁判在对讲机中汇报比分以及报告场上情况时语言要简练、清晰，例如：

- Score update，court 1，first set Smith 6–2.
- Court 1 needs trainer for smith at next change over（or immediate），back hurts（sore leg，sprained ankle）.
- Court 1 needs some bananas and sports drink.

第五章　ITF电子记分设备（PDA）

一、开启设备

（一）装载程序

1. 通过设备右侧上方的按钮来开启设备，长按此按钮直到感觉到设备震动（约3秒）。关闭设备时同样按住该按钮，直到设备震动，之后选择“Power off”（关机），再点击“OK”。

轻按同一按钮可关闭屏幕（休眠模式）或开启屏幕。这一功能可以有效地保存设备电量，或便于在使用期间清洁屏幕。

2. 在装载程序之前，通过按动设备左侧下面的按钮确保设备处于静音模式（你将会感觉到设备震动）。请注意，当你装载了ITF Scorer后，将无法改变这一设置。

3. 当主屏幕打开后，点击屏幕左上方的ITF Scorer标识来开启程序。

无论你在何时开启ITF Scorer，程序都会自动检测软件更新。这意味着如果有可用的3G或WiFi网络连接且飞行模式处于关闭状态时，你将会安装上最新版本的程序。如果弹出提示框“Application update available”，点击“Confirm”，再点击“OK”和“Install”。如果没有弹出该提示框，则意味着软件已处于最新版本，可以直接登录使用。我们建议赛事监督在每站赛事开始之前检查设备的更新情况。

（二）赛前检查

在开始使用设备前，你需要进行一些赛前检查。

1. 电量是否充足

电量情况在设备屏幕左下角的位置显示：

电池容量显示如下：

100% 75% 50% 25%

根据我们的测试，当电池充满电后，ITF Scorer程序开启并使用深色背景时（室内），电池可以持续使用约5个小时。但是，由于电池容量会产生变化，在比赛期间关注电量情况是非常重要的。当比赛中电池电量不足时，应当采用“技术中断”，并请赛事监督更换另外一台设备。当电量降低到10%以下时，建议更换设备。

2. 3G网络或无线网络连接

比分通常会通过3G网络进行传输。3G连接（信号）在设备屏幕的右上角显示（下图2a中的三角形）。当建立连接后这一标志将会变为蓝色。蓝色条状的数量表示信号的强度（例如，4条=强连接，1条=弱连接）。

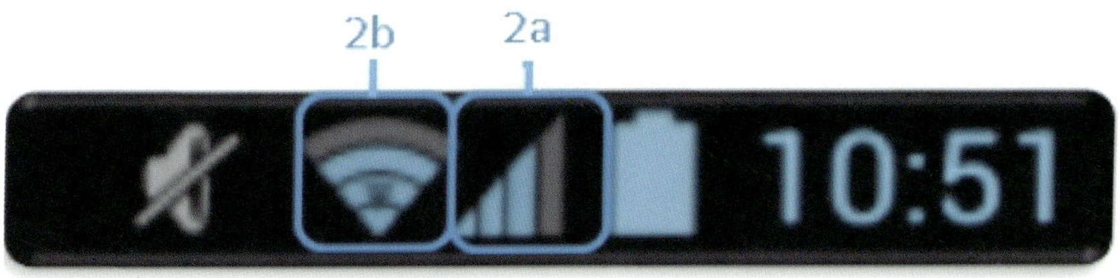

如果3G连接不可靠或不可用，在与ITF协商之后，可以由ITF赛事监督改为使用WiFi连接。此时WiFi连接的信号强度将由扇形表示（上图2b）。同3G信号一样，蓝色条状的数量表示信号的强度。

连接情况同样显示在屏幕左下角。

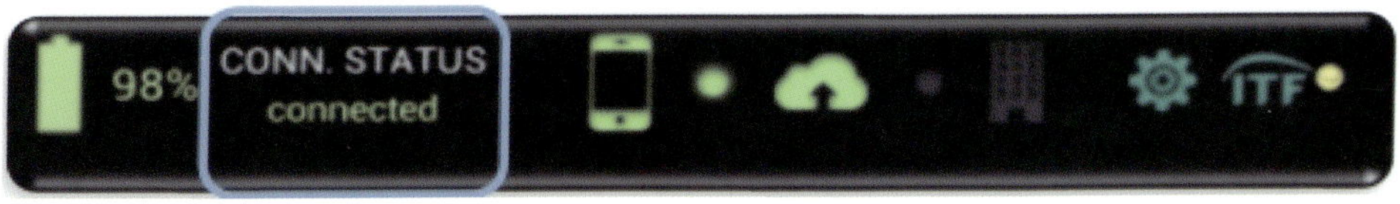

3. 飞行模式

开启飞行模式会暂时阻挡所有3G或WiFi网络连接，因此应当关闭该模式，除非设备处于运输途中。通过按住电源键开启或关闭飞行模式，直到感觉到设备震动，并点击“Aeroplane mode”。如果飞行模式处于开启状态，在设备屏幕的右上角会出现一个小的飞机图标。

4. 连接服务器

设备需连接至ITF服务器以接收和传输数据。连接至服务器时，在屏幕底部会出现以下图标。当设备未能连接至服务器时该图标为黑色；当建立连接后，该图标变为绿色。

如果以上参数都符合，设备即能够使用。

注意。尽管进行上述检查很重要，主裁判的首要职责必须是始终快速且准确地记分——连接到服务器，其他关于实时记分设备的操作性问题相对而言都是次要的。如果你发现了任何问题，请在第一时间告知ITF赛事监督，如果无法开始或继续使用该设备，请使用纸质记分表。

二、设置菜单

通过点击屏幕右下角的ITF小图标进入设置菜单。一些选项只有在比赛开始前可用（如更换主题），一些选项可以在比赛期间使用（如WiFi，优先网络），还有一些选项只有在比赛开始后才可用（更换场地站边，更换方向等）。

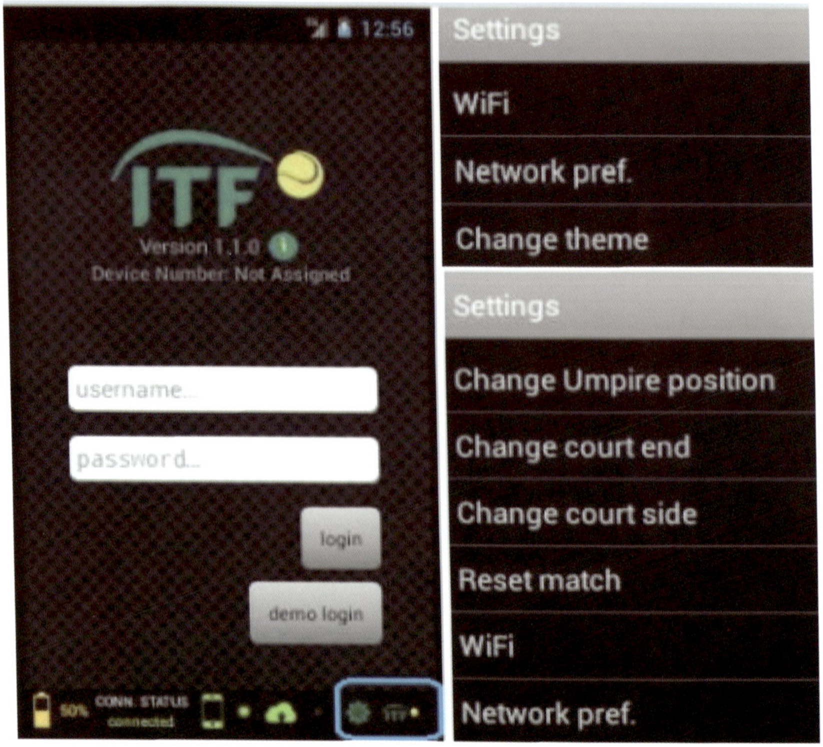

（一）更换主题

在这里你可以选择浅色或深色背景，以获得更好的可视性且更便于使用。请注意更换背景只能在比赛开始之前设置（直到确认比赛信息和挑边选择的页面），或在恢复被中断的某场比赛时进行设置。

（二）WiFi

如果你希望将设备连接至无线网络，点击“WiFi”；这一操作将自动带你进入WiFi菜单。请注意3G网络是首选的连接方式，所以在多数情况下，设备不应连接至WiFi网络。关于WiFi的更多信息，请参考附录中的“技术设置”。你也可以通过再次切换WiFi的“关闭”和“开启”（右上角）来重设WiFi连接。

（三）首选网络

点击此处修改设备的首选网络。“Data enabled”和“Data Roaming”两个选项必须始终选择。更多细节请参见附录“技术设置”。

点击菜单底部的“Cancel”回到登录页面。

注意。如果点击了任何按键，成功地被设备识别后将会立即产生一次震动以确认操作。内置的时间延迟功能将会防止连续点击造成重复操作。

三、登录ITF Scorer

（一）登录用户名和密码

ITF Scorer是一个使用密码保护的程序。每站赛事将使用单独的用户名和密码，并在赛事开始之前发送给ITF赛事监督。参加某站比赛的所有技术官员在赛事期间将使用相同的登录密码。

在“Login”按键下方有一个“Demo Login”按钮，通过这一按钮，你可以在测试环境下使用设备，提供虚构的4种比赛类型供练习。使用在线仿真器训练时同样应当使用此选项（Demo Login）。

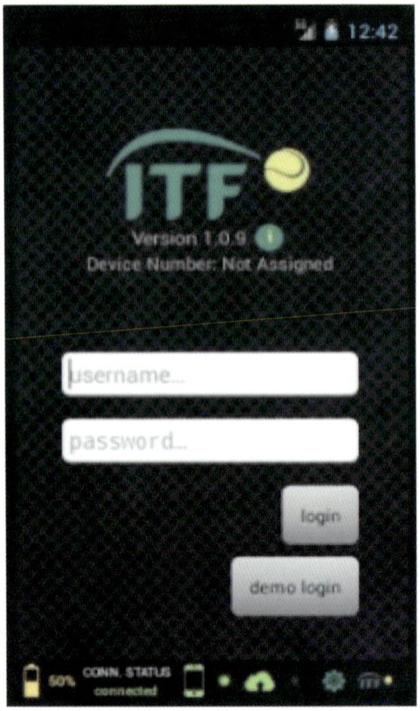

登录在线环境进行比分记录时，通过点击“Username”和“Next”输入ITF赛事监督提供的用户名和密码。输入密码后点击“Done”，再点击“Login”。

（二）选择主裁判姓名

ITF赛事监督会输入参与某站赛事的所有技术官员的姓名，并会在比赛开始前显示在设备上。一旦你成功登录后，在技术官员名单中选择你的名字。

现在你已登录至ITF Scorer！

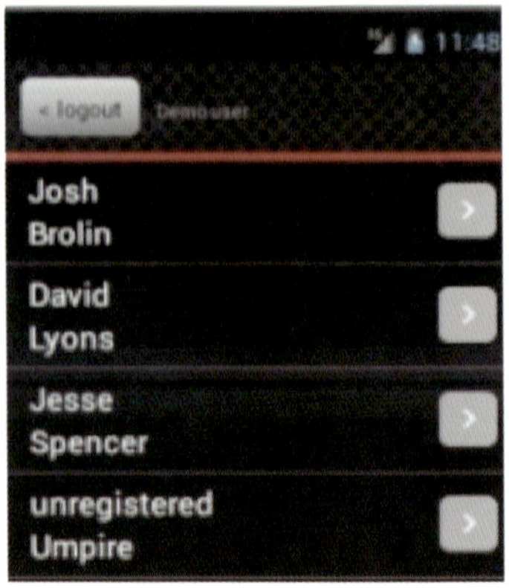

四、比赛设置

（一）选择一场比赛

ITF赛事监督会在每天比赛开始前加载所有的比赛，你将看到其按照场地号码顺序排列：

为了简单地找到你的比赛场次，可以通过点击“All Courts”按键并选择相关的场地来过滤列表。通过点击相应比赛右侧的彩色箭头来选择比赛。

使用了记分程序并正在进行中的比赛用红色箭头表示，暂停的、等待被恢复的比赛用橙色箭头表示。可以使用记分程序的比赛用绿色箭头表示。

（二）输入比赛设置

从下拉菜单中选择换球频率和比赛形式。

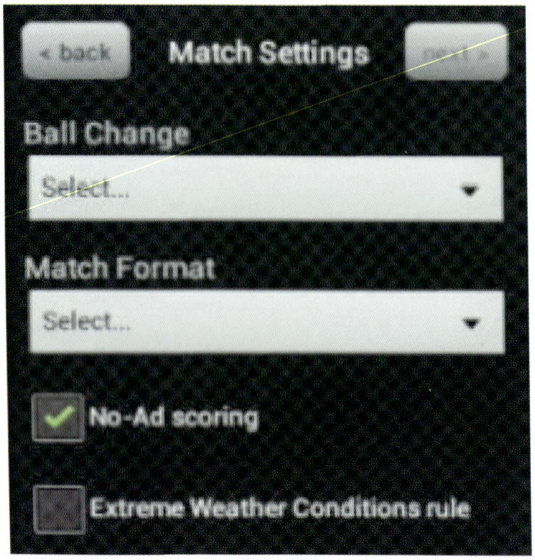

1. 无占先记分法

在所有双打比赛中，以及在特殊情况下，特定的单打比赛中应当选择此选项。通过点击“No-Ad scoring”左侧的方框来选择此项，之后绿色的对号将出现。如需取消选择，请再次点击。

2. 极端天气情况

该选项只有在极端天气情况相关规则生效后的女子单打比赛中才能选择。选中时会出现一个绿色的对号（同上述无占先记分法）。必要时在决胜盘开始之前，设备上会弹出一个关于10分钟休息的提示。

注意。请小心做出选择！因为一旦比赛开始后，比赛形式、无占先记分法和极端天气情况选项将无法更改。如果你不确定任何一项比赛设置，请在上场之前和ITF赛事监督确认。

（三）主裁判到场

应当在赛事监督叫场后即刻点击此按键。进行此操作后将会开始计时。如果想改变任何比赛设置，仍可以通过点击“back”键进行。

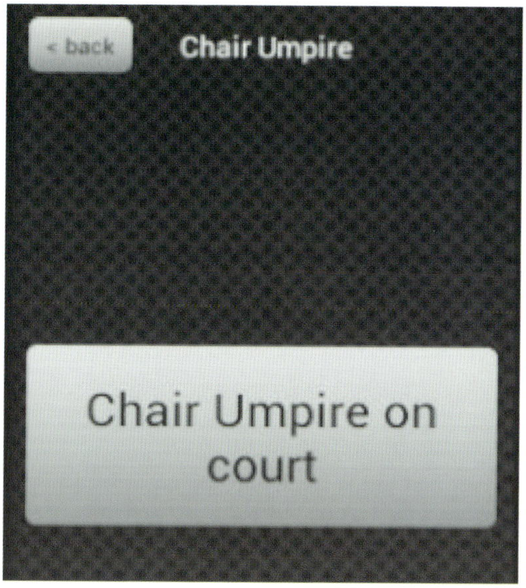

（四）挑边

挑边结束后，应当通过以下选项将挑边的细节输入设备中：

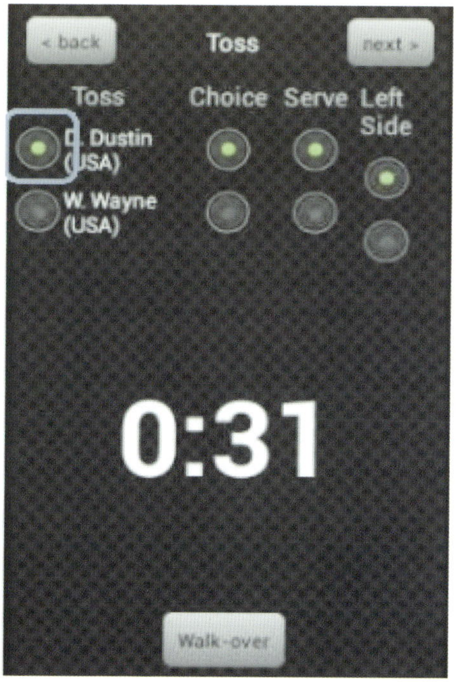

- 挑边——（运动员姓名左侧，蓝色方框内）显示哪位/队运动员挑边获胜。
- 选择——显示做出选择的运动员姓名。
- 发球——显示哪位/队运动员将首先发球。
- 左侧——显示哪位/队运动员在比赛开始时将位于场地的左侧，以主裁判的视角而定。

你将无法点击“下一步”，直到以上4项选择都完成。

1. 秒表

秒表将显示一场比赛叫场后经过的总时间。

2. 直接获胜

每一场直接获胜的比赛都应当经过赛事监督确认。点击“Walk-over”键之后，选择放弃比赛的运动员。然后再从出现的列表中选择原因（疾病、受伤等）。设备将重复所输入的信息并询问你确认或取消操作。

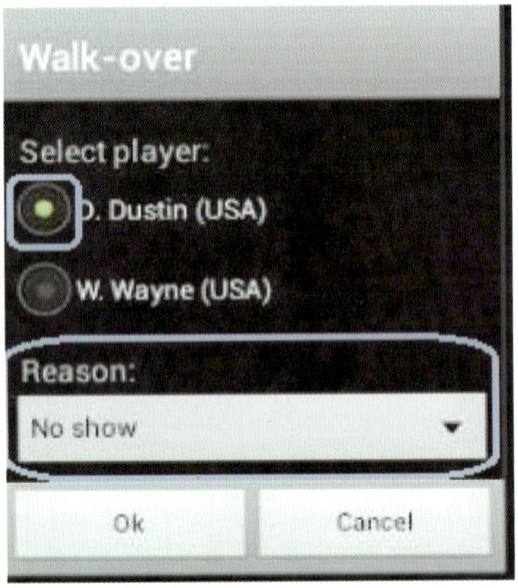

注意：如果在比赛之前就确认了直接获胜，如在你使用实时记分设备之前，则没有必要在设备上输入直接获胜的相关信息。

（五）确认

如果需要更正在前几个阶段输入的任何设置，可以通过点击“back”进行操作。此时将会出现一个确认窗口，要求再次确认设置：

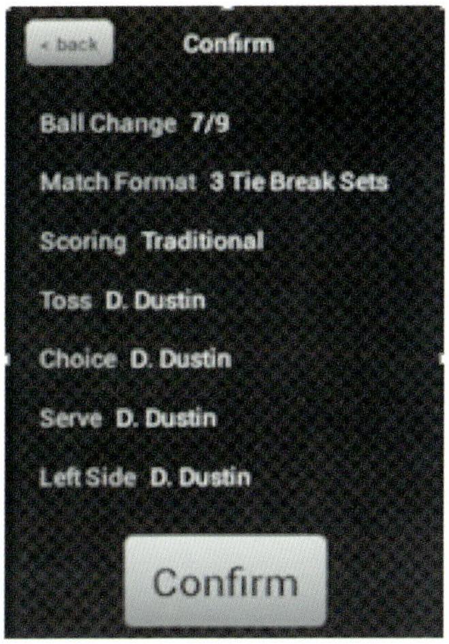

请仔细在确认窗口中核对细节信息。当确认所有信息都被正确输入后，点击“next”继续。一旦点击了“next”之后，你将无法编辑某些比赛设置（比赛形式，无占先计分，极端天气情况和发球方），所以在继续操作前请仔细核对。

五、记分主屏幕——比赛开始前

现在你将进入记分主屏幕：

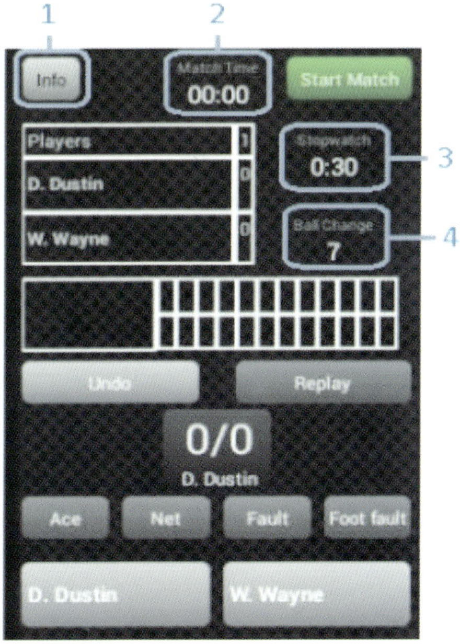

（一）信息

点击“Info”显示比赛设置（如比赛形式，换球频率，挑边结果等）以供参考，也可用于比赛的开场宣报。

（二）比赛时间

显示比赛的总时间。在点击“Start Match”之后从零开始比赛计时。

（三）秒表

在确认了比赛形式和挑边结果之后即开始进行热身计时。每次当比赛事项被录入设备中后秒表将自动归零并重新计时。

在任何时候都可以通过手动长按住秒表按键直到其变红且设备震动来重设秒表。

（四）换球

显示直到下次换球时所剩的比赛局数。当还剩两局换球时及应该换球时，将会自动出现一个对话窗进行提示：

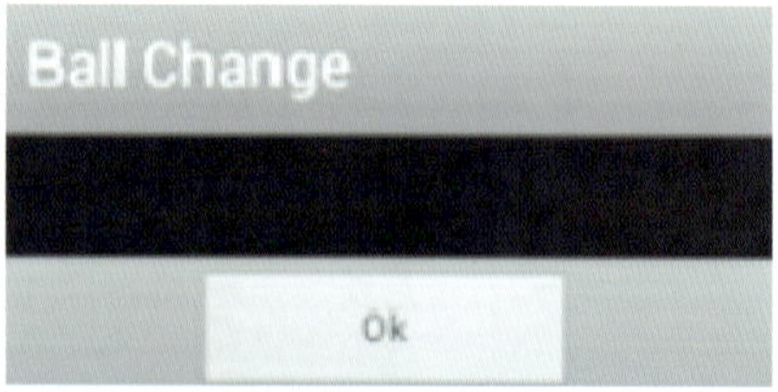

六、记分主屏幕——比赛期间

（一）开始比赛

通过点击绿色的“Start Match”按键来开始比赛（当比赛的第一个发球即将被击出时），然后点击“Confirm”。该操作将显示：

——开始比赛计时

——通过图标显示发球员和接发球员。网球图标代表发球员，球拍图标代表接发球员（下图为例，第一局D. Dustin 发球，W. Wayne接发球）。双打比赛中，图标在相应的发球员（J. John）和接发球员（W. Mark）旁边出现。

——改变大按键的颜色，屏幕将用红色和蓝色显示每位/队运动员的姓名。该颜色标记在整场比赛期间保持不变（如D. Dustin的按键将始终显示为红色，直到比赛结束）。

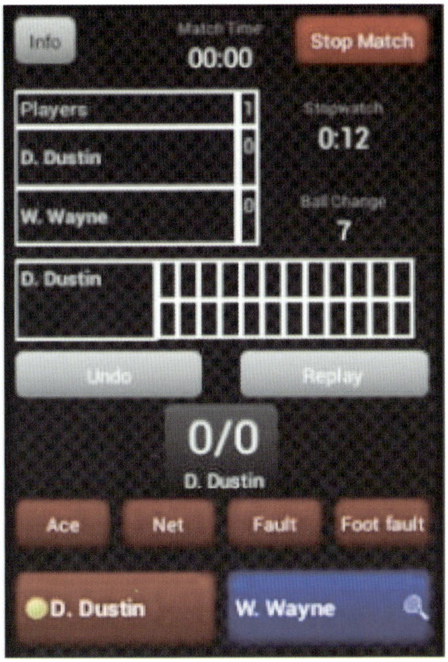

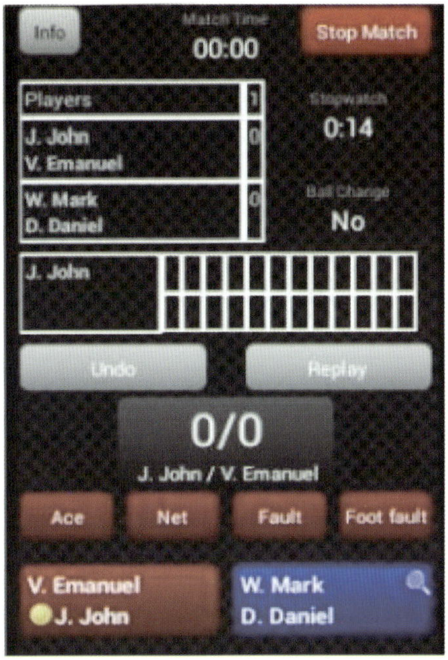

（二）记录比分

当一个回合结束后一位/队运动员得分时，应当在该分结束后尽快点击相应的按键（红色或蓝色）。

（三）Ace与擦网和脚误

这些按键的颜色始终和发球员姓名的颜色一致，因为这些按键只用来记录相关的发球员的比赛事项。

- “Ace”——当运动员发出Ace球时进行记录，自动更新比分。

• “Net” ——当发球擦网时记录，秒表自动归零。

• “Fault” ——记录除脚误以外的所有发球失误。一旦点击之后，此按键自动变为“Double Fault”。

• “Foot fault”——记录脚误。点击之后“Fault” 按键自动变为“Double Fault”。

注意。任何比赛事项（得分、Ace、发球失误等）都应当在事件发生之后立即记录。

（四）撤销

“Undo”按键可以用来更正错误。点击“Undo”来删除所记录的上一个比赛事项，它可能是一分、一个发球失误或一次擦网。

（五）重赛

当某分比赛重赛时使用（如当出现外界或非故意干扰时）。点击此按键会将秒表归零并取消所记录的上一个发球失误/脚误。“Replay”无法用来取消完整的一分。

（六）记分格

比分通过传统的表格形式被记录，显示在“Undo”和“Replay”按键上方。它仅用于提供信息，并在需要知道本局比分如何进行时提供参考（如当出现比分争议时）。

（七）秒表

记录比赛事件发生后的时间。

七、运动员选单

可以通过点击记分屏幕上部表格中相应的运动员姓名进入运动员选单：

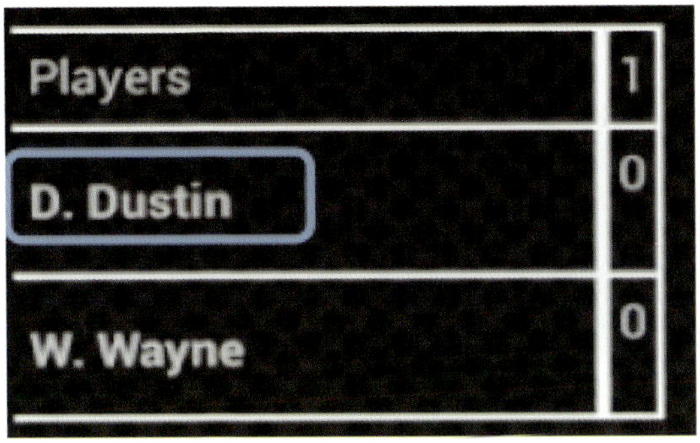

这一选单是用来记录特殊事件的，如违反行为准则、违反时间准则、上洗手间/更换服装间歇、医疗暂停和/或弃权：

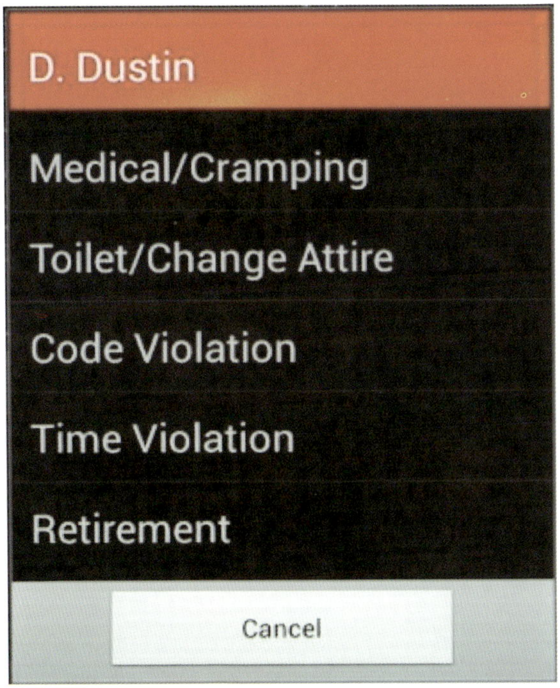

（一）最小化功能

一些事件（如下图所示）需要单独计时，该项窗口可以通过点击右上角的图标来实现最小化：

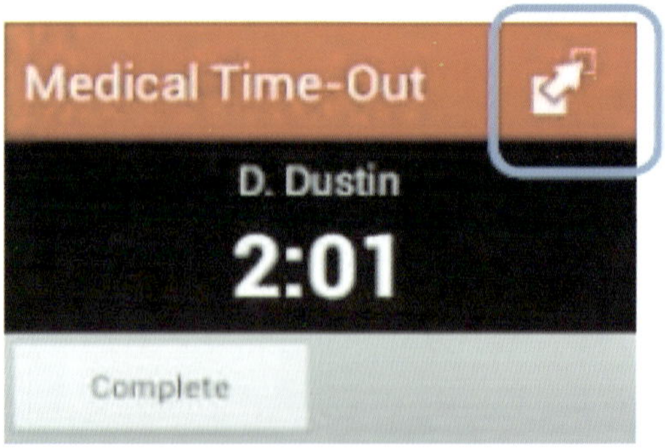

这将可以实现两个单独的操作，如上洗手间和医疗暂停，可以同时被记录：

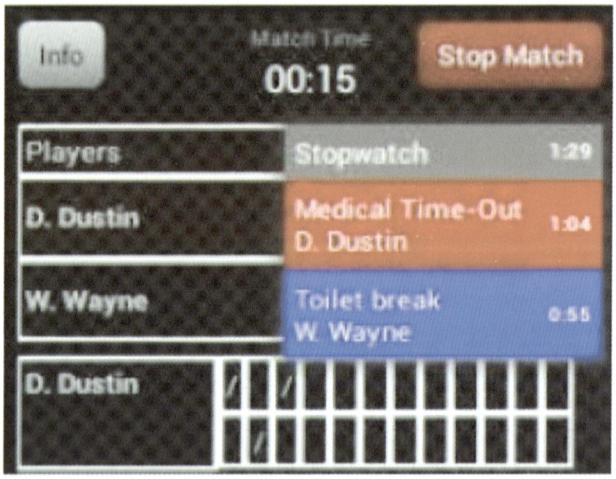

结束一个事件时，点击相应的微型功能按键，然后点击“End”或“Complete”。注意记分功能将不可用，直到所有的微型功能全部结束。

（二）医疗/抽筋

当理疗师进场后，进行任何诊断或医疗暂停/肌肉抽筋治疗开始时，必须选择“Medical/Cramping”。之后点击“Call Trainer”（点击此按键之后，才能够进行任何进一步的操作）。

如果理疗师开始进行诊断，你可以点击“Start Evaluating”，或立即在以下选项中做出选择：

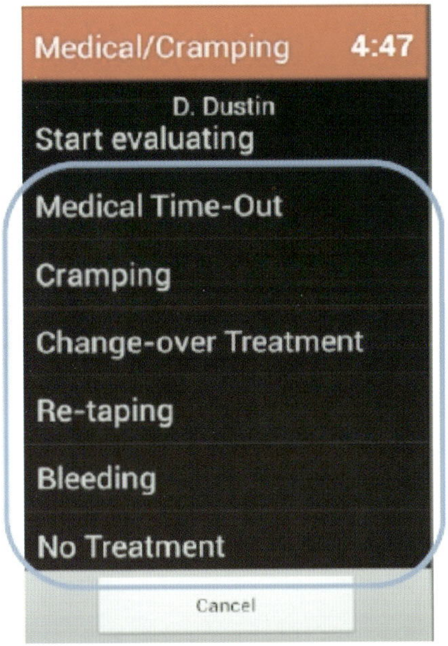

1. 开始诊断

在选择“Start evaluating”之后，秒表继续显示换边或盘间休息时间。在理疗师诊断之后，从菜单中的选项里选择其一：

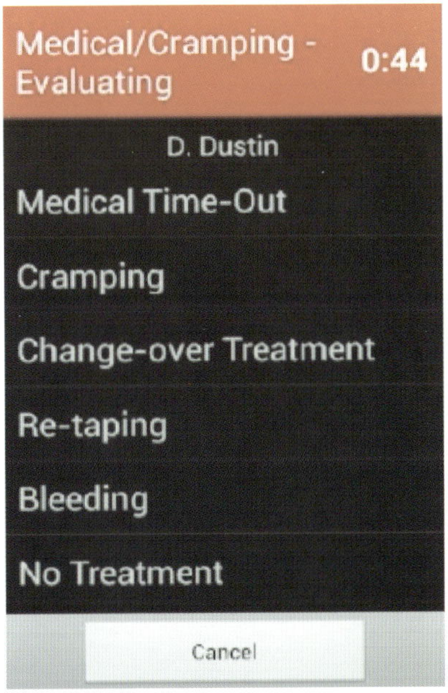

2. 医疗暂停

选择“Medical Time–Out”选项之后，将会出现一个窗口显示换边休息的计时情况：

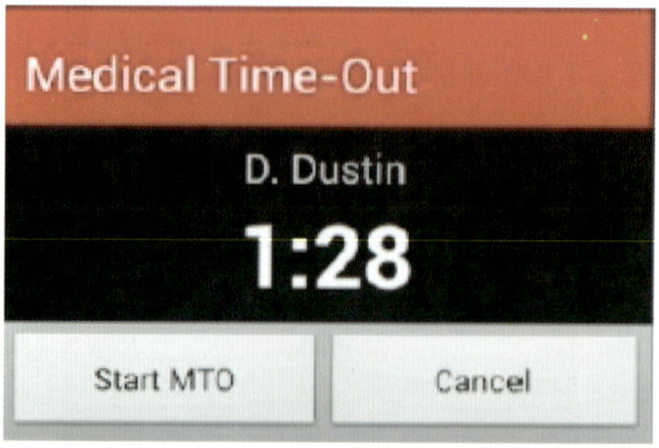

点击“Start MTO”按键将会启动新的计时器对医疗暂停进行计时。当医疗暂停结束后，点击“Complete”。

3. 抽筋

从运动员选单中选择“Cramping”将出现一个窗口，显示换边休息计时情况和如下选项：

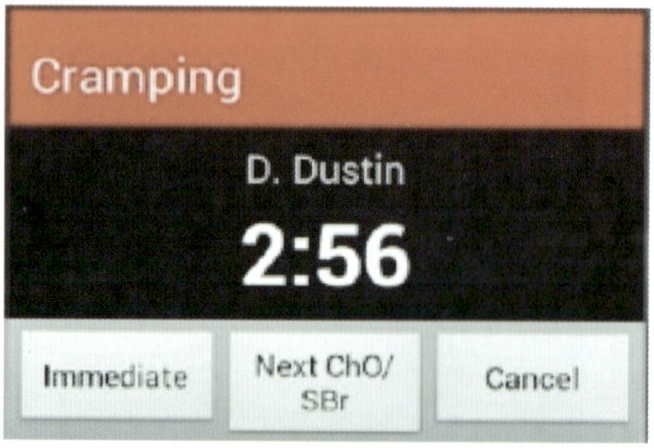

如果现在处于换边或盘间休息阶段，选择“Immediate”。如果运动员选择放弃比分到下一个换边/盘间休息接受治疗，选择“Next Cho/SBr”。之后将提示你确认新的比分。

4. 换边期治疗

当运动员获准利用换边时间对出现的医疗情况接受治疗，或对抽筋症状进行一次完整的换边期治疗时，选择“Change-over Treatment”。选择此项后，显示换边或盘间休息时间的秒表将继续计时。

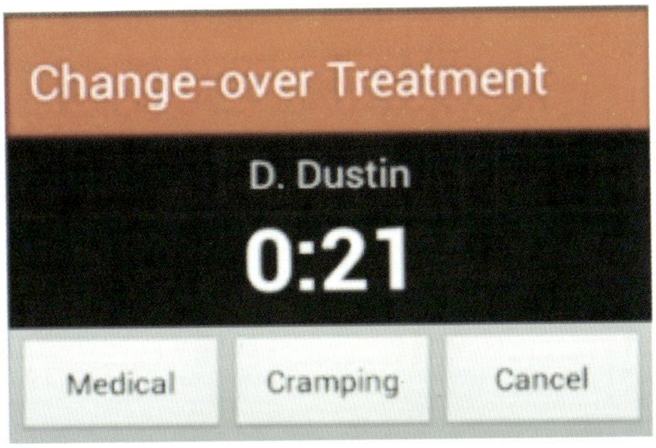

5. 重新包扎

当从运动员选单中选择“Re-taping”之后，一个带有换边休息计时的窗口将会出现（如下图）：

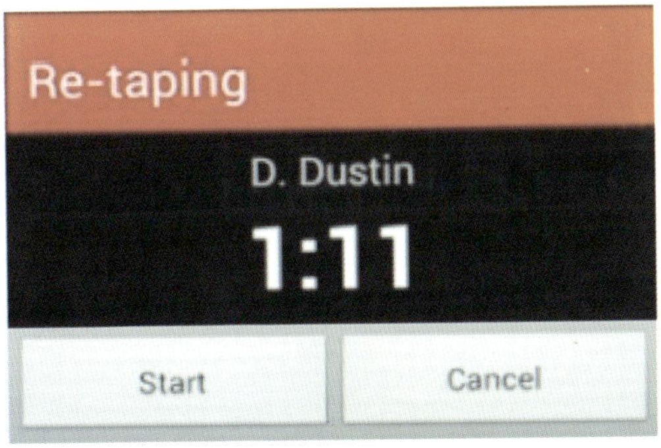

如果你选择“Start”，一个对重新包扎过程进行计时的新窗口将会出现。当点击“Complete”键之后，设备将自动返回主记分屏幕，如果换边/盘间休息时间还有所剩余，你可以在此继续查看。

6. 出血

如果比赛由于出血而中断，应采用相同的程序。请注意止血的治疗时间可以延长至5分钟。

7. 不予治疗

“No Treatment”按键是回到主记分屏幕的快捷途径，应当在理疗师或运动员决定没有必要进行治疗时选择此选项。

（三）上洗手间/更换服装

在任何上洗手间或更换服装（仅限女子比赛）间歇开始时，必须选择“Toilet/Change attire”。如果运动员决定使用自己的时间去洗手间，应当点击相应的方格（出现绿色对号）：

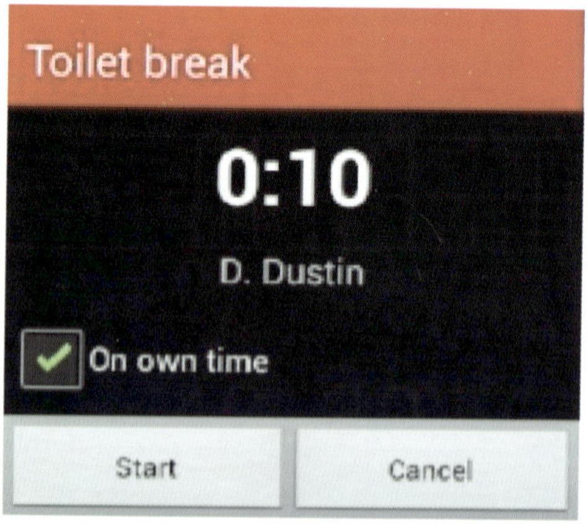

（四）违反行为准则

如果运动员违反了行为准则，应当从出现的选单中选择相应的原因（使用设备时请向下滚动屏幕，以获得更多选项，如不良体育道德行为、指导）：

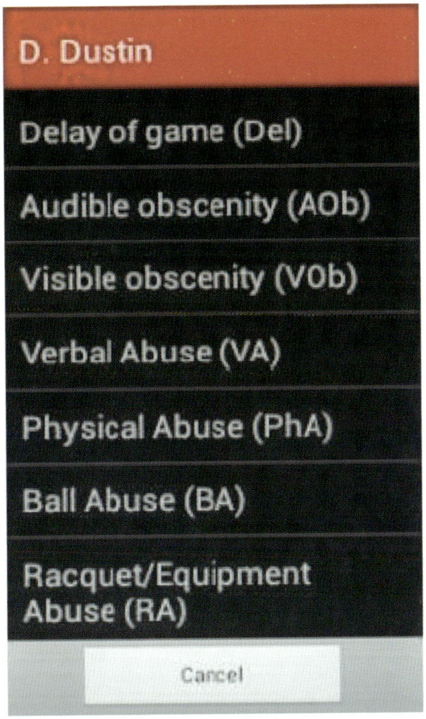

本程序按照行为准则的罚分程序设定，并自动将违规行为记录为第一次违反行为准则——警告；第二次违反行为准则——罚分；随后的每一次违规行为将会罚一局。在与赛事监督商议后，你同样可以选择取消运动员的比赛资格，立即取消或按照罚分程序取消。你将会被要求确认这一操作。

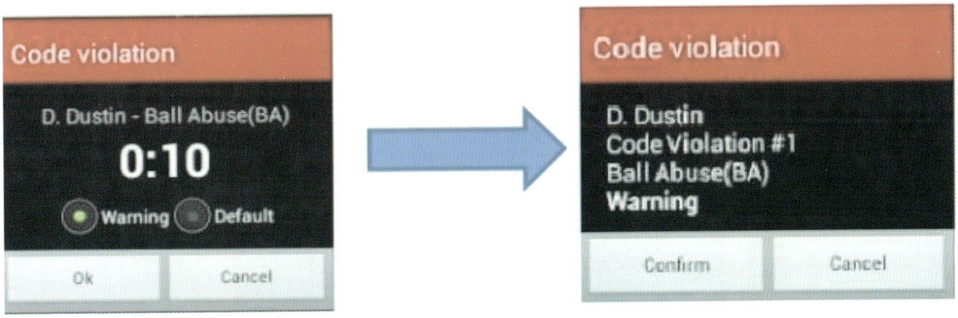

违反行为准则将会在比赛主屏幕相应运动员/队名字的下方记录。违反行为准则一次的运动员，在其姓名按键的下方出现C:1。

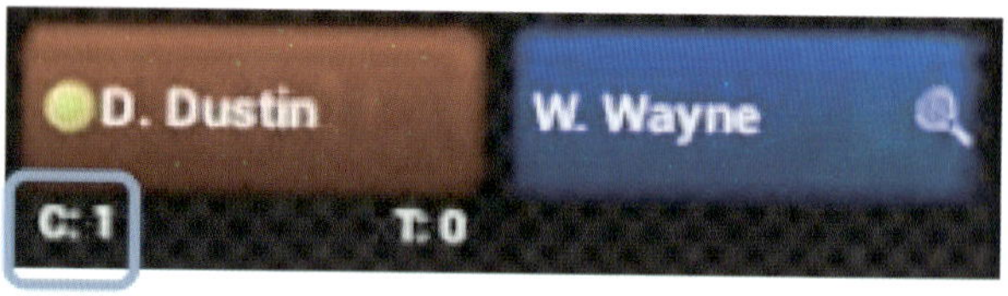

当出现违规行为后设备将记录时间和比分，但任何关于事件的补充细节都应当记录在纸上，并在比赛之后交给赛事监督。

（五）违反时间准则

当选中了违反时间准则之后，设备自动记录第一次为违反时间准则——警告，随后的每一次违规记录为：

1. 违反时间准则——罚一分（ITF女子巡回赛）；

2. “违反时间准则——失发球”或“违反时间准则——罚一分”，依据运动员（分别）作为发球员或接发球员（ITF男子巡回赛）而定。

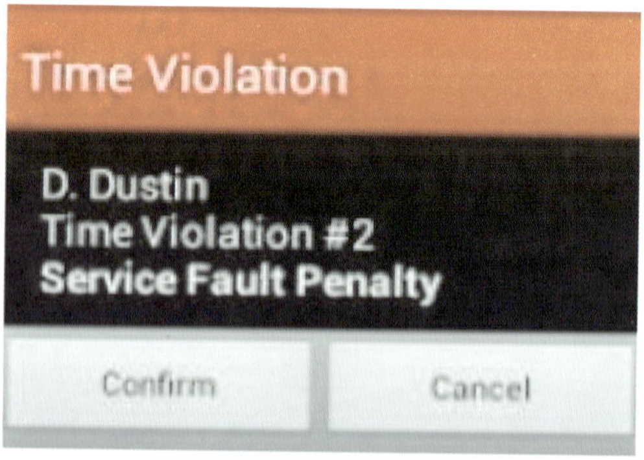

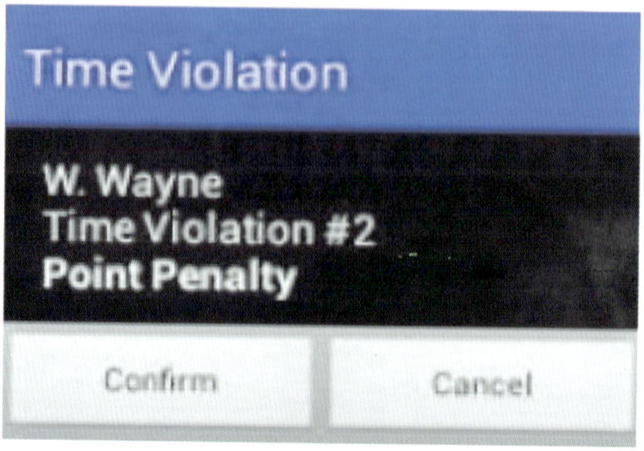

违反时间准则同样在比赛主屏幕相应运动员姓名、队名下方记录。

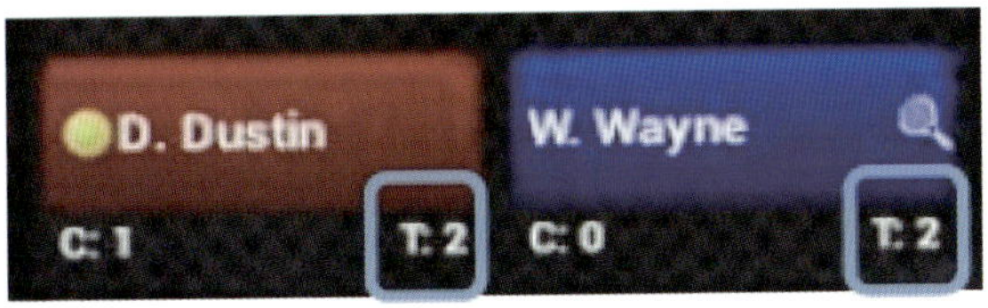

（六）弃权

当运动员在比赛中弃权时，点击他们的名字并从运动员选单中选择“Retirement”。同样应当在出现的选单中选择相应的原因：

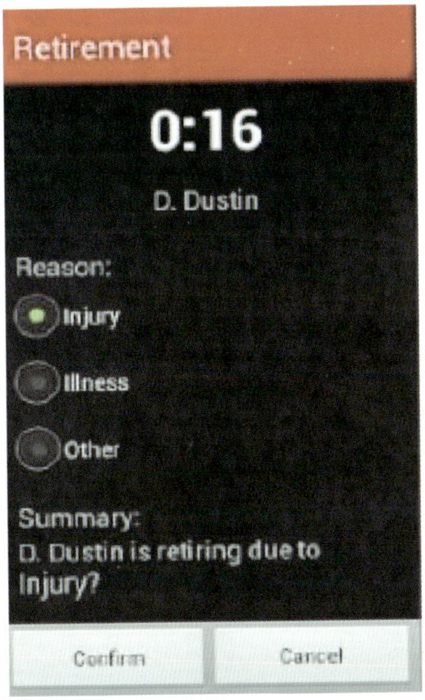

八、中断或推迟比赛

一旦比赛开始，“Start Match”按键变为红色并改变为“Stop Match”。这一功能可以用来中断或推迟比赛。除因直接获胜、弃权或运动员被取消比赛资格外，任何原因造成比赛中断或推迟时，点击“Stop Match”键。将会出现以下选单：

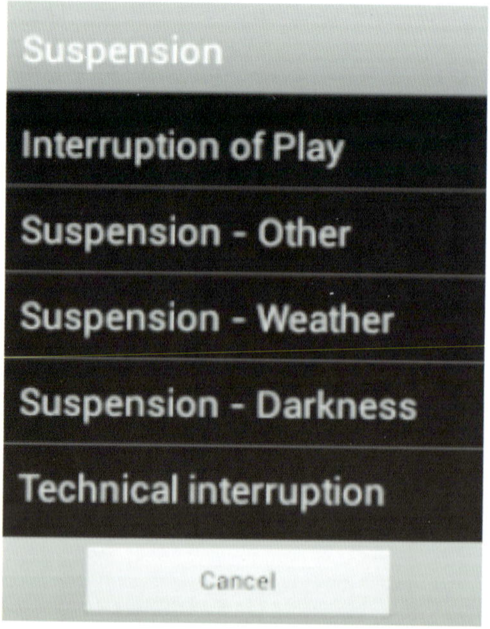

（一）中断比赛

如果场地灯光昏暗，主裁判可以决定暂时中断一场比赛并将运动员留在场地上。这一操作不会停止比赛计时。点击“Interruption of play”并确认中断比赛；这将开启计时器以查看比赛中断的时长。点击“Stop”设备将重新回到记分主屏幕。

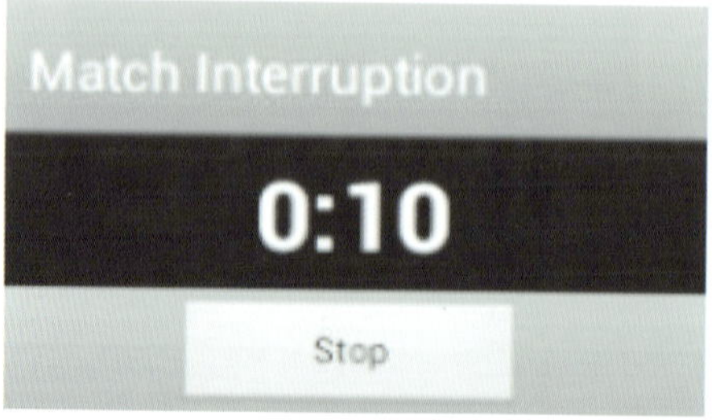

（二）推迟

当比赛由于天黑、场地情况、天气或其他原因而推迟时，使用此选项。点击任何一个选项并确认推迟比赛将自动显示出程序。你可以通过登录任何可用的设备，并从比赛列表中进行选择来恢复被推迟的比赛（用橙色箭头表示）。比赛计时器将显示比赛被推迟的时长。在热身结束之后，点击“Resume match”。

请注意，如果使用网页版程序，设备将无法恢复被推迟的比赛，如果你选择了推迟比赛，设备将返回到列有测试比赛列表的主屏幕，并丢失所有的练习数据。

（三）技术中断

如果设备电量不足或发生故障，主裁判应当尽快通知赛事监督，请他将替换的设备带至场地。“Technical Interruption”只能在换边/盘间休息时选择。然后可以按照上述程序在新设备上继续该场比赛。

九、双打比赛

在记录一场双打比赛时，有一些很重要的不同之处，特别需要加以注意。

（一）比赛设置

所有的ITF职业巡回赛双打比赛中，都由两个无占先制的平局决胜盘和一个代替常规第三盘的10分制平盘决胜局组成。从比赛形式的下拉列表中选择“2 tie-break sets + MTB 10 points”，并记住点选“No-Ad scoring”。

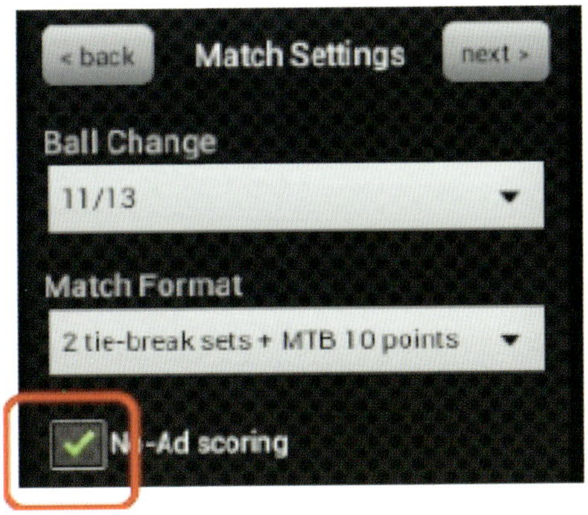

（二）比赛记分

当你点击“Start Match”之后，屏幕将会弹出窗口由你确认第一局的发球员和接发球员：

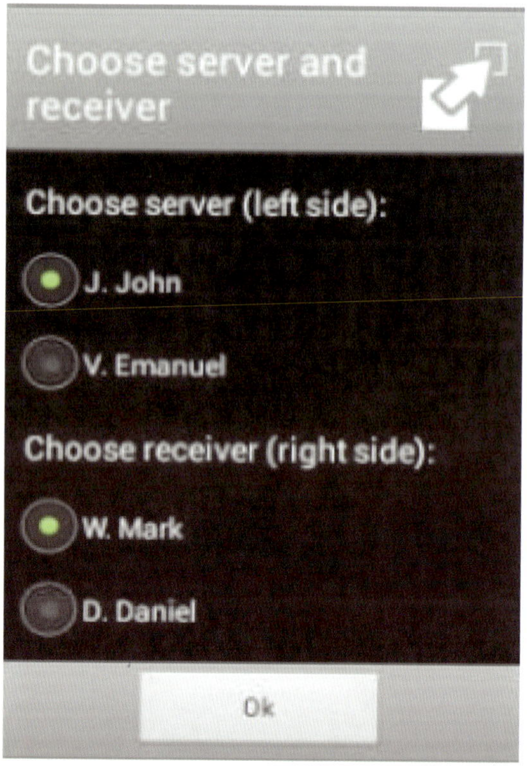

通过这一过程将设定两队选手的发球和接发球顺序，并在以下时间再次出现：

- 第一局比赛结束后；
- 第二盘比赛开始前；
- 第二盘第一局比赛结束后；
- 平盘决胜局开始前（如果有）；
- 平盘决胜局第一分结束后（如果有）。

（三）上洗手间/更换服装间歇

如果同队中的两名运动员一起去洗手间，点选“Both Players”方格：

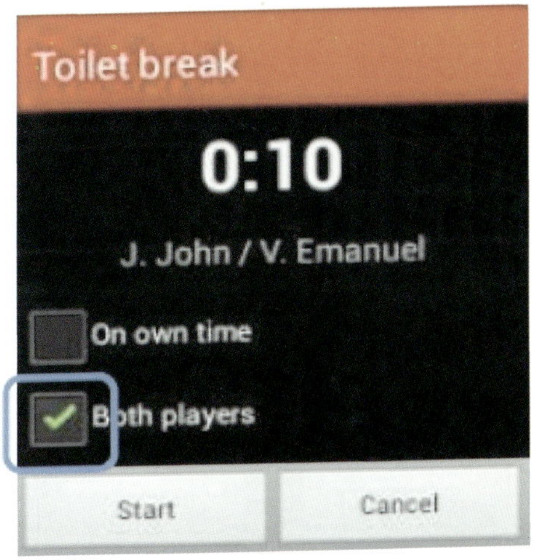

（四）设置菜单

在双打比赛过程中点击位于屏幕右下角的小ITF图标，菜单将会出现一个额外的选项“Change court position”。如果运动员在比赛过程中错误地交换了场地位置时可以使用（如在平分区由错误的运动员发球或接发球）。

请注意，如果你为发球的队伍选择了此选项，不仅运动员的场地位置会交换，发球的运动员也会被更换。

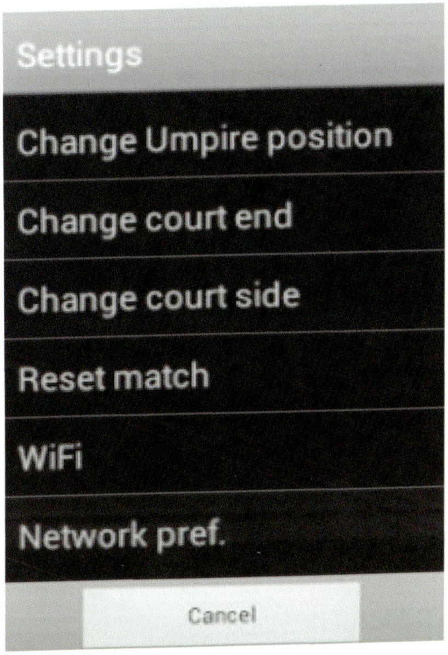

十、技术设置

（一）WiFi

可以通过点击设置菜单（通过点击ITF图标进入），屏幕的右上角控制无线连接的开启和关闭。

当WiFi打开时，屏幕将会出现可用的网络列表和任何之前设备所连接到的网络。在列表中添加新网络，可以点击屏幕下方的“+”。

（二）首选网络

为保证正确的数据传输，必须选择“Data enabled”和“Data roaming”（见下图）。

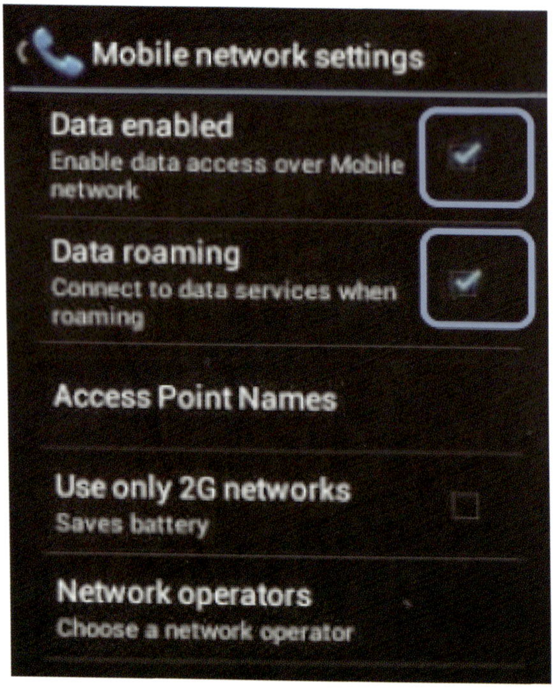

为避免3G网络发生故障，请确认选择了这两个选项，同时点击“Access Point Names”并确认选中了“m2m.tag.com”。

三、设备维护

必须采取一切办法保证实时记分设备的良好状态。未经ITF的允许，不得（或不得授权任何人）进行以下安装事项：

- 改变实时记分设备的预安装设置；
- 在设备上安装任何软件；
- 使用设备进行服务（包括但不仅限于数据传输、发送短信或拨打电话），除非与操作记分系统有关。

四、下雨时的设备保护

应小心保持实时记分设备处于干燥环境。如果雨滴落在屏幕上，在擦拭之前最好暂时关闭屏幕，以避免误按任何按键。按动设备右侧上方的按键来关闭屏幕。开启屏幕时，按动同一按键即可。

参考文献

[1] The 2014 ATP Official Rulebook. The United States:ATP Tour，inc.

[2] Women's tennis Association 2014 Rulebook. The United States: WTA Tour，inc.

[3] Rule of tennis 2014. Britain：international tennis federation.

[4] ITF Davis Cup regulations. Britain：international tennis federation.

[5] ITF Fed Cup regulations. Britain：international tennis federation.

[6] 2014 Duty and Procedures. Britain：international tennis federation.

[7] 2014 Official Grand Slam Rulebook . Britain：Grand slam committee.

作者简历

殷剑巍，男，1971年出生，硕士学历。现任中国科学技术大学体育教学部群体教研室主任；中国网球协会裁判委员会委员、安徽省网球协会裁判委员会主任；国际网球联合会铜牌裁判。曾执法澳大利亚网球公开赛、英国温布尔顿网球锦标赛、ATP大师杯赛、奥运会、青年奥运会、亚运会、世界大学生运动会、全国运动会等国际、国内大型赛事，著有《网球技战术教程》一书，发表多篇网球学术文章。

图书在版编目(CIP)数据

网球裁判法解析 / 殷剑巍，万建斌，黄珊编著.
-北京：人民体育出版社，2015（2016.12.重印）
ISBN 978-7-5009-4732-5

Ⅰ.①网… Ⅱ.①殷… ②万… ③黄…
Ⅲ.①网球运动-裁判法-基本知识 Ⅳ.①G845.4

中国版本图书馆 CIP 数据核字(2014)第 275306 号

*

人民体育出版社出版发行
三河兴达印务有限公司印刷
新　华　书　店　经　销

*

787×960　16 开本　13 印张　230 千字
2015 年 4 月第 1 版　2016 年 12 月第 2 次印刷
印数：5,001—7,000 册

*

ISBN 978-7-5009-4732-5
定价：45.00 元

社址：北京市东城区体育馆路 8 号（天坛公园东门）
电话：67151482（发行部）　　邮编：100061
传真：67151483　　邮购：67118491
网址：www.sportspublish.com
（购买本社图书，如遇有缺损页可与邮购部联系）